雄山閣出版案内

何が歴史を動かしたのか

第 1 巻　自然史と旧石器・縄文考古学

春成秀爾 編

人類史、考古学において重要かつ刺激的なテーマについて取り上げ、現在の到達点をまとめる。

A5 判　312 頁　定価 6,820 円（税込）

全 3 巻刊行予定

第2巻　弥生文化と世界の考古学

第3巻　古墳・モニュメントと歴史考古学

■ 2023年9月・12月刊行予定　■予価6,820円（税込）
■ A 5判・上製カバー　本文312頁予定

いま、人類の歴史はどこまでわかったのか

ARCHAEOLOGY QUARTERLY

季刊 考古学 164

特集 キリシタン墓研究と考古学

キリシタン墓碑

潜伏期のキリシタン墓地

カット／ダン・ヨシコ

千々石ミゲル夫妻墓所

A Cemetery of a Married Couple of Miguel Chijiwa

大石一久・田中裕介

地上

正面

背面

地下

明治時代に再建された墓碑と
建物基壇(上)と遺構(下)
基壇の下から集石遺構が現れる。

自然石墓碑の正面と
背面の「千々石玄蕃允」銘

1号墓壙

2号墓壙

ミゲル妻の埋葬の石蓋(上)と副葬品出土状況(右)

天正遣欧使節4人の一人千々石ミゲル夫妻墓
所は，旧大村藩領の伊木力村にある。4次にわ
たる発掘調査によって1号墓壙(妻)からはキ
リシタン信仰具と考えられる遺物が出土し，2
号墓壙からは木棺直葬でミゲルと考えられる
人骨が出土した。

千々石ミゲル埋葬墓壙

写真提供／千々石ミゲル墓所発掘調査実行委員会

宣教師シドティの墓

A Grave of Misionero Sidoti

池田悦夫

切支丹屋敷跡の169号遺構出土遺骨（ⓗ）は，イタリア人（ⓘ）であることが判明した。本遺跡（ⓐ）は，東京ドームの北西，茗荷谷駅から南へ徒歩8分に所在し，切支丹屋敷との位置関係はⓑのとおりである。さらに，調査区全景（ⓒ）に基点Bと裏門と墓跡の位置関係を示した。絵図ⓓの裏門西側の敷地境に宣教師シドティの墓と推定される「切支丹廟所」の記載があり，この記載とほぼ同じ場所からイタリア人の遺骨は出土した。169号遺構は長持転用棺に納められ（ⓕ），キリスト教を意識した葬法で丁寧に埋葬された出土状況を示すが，上記の「廟所」の記載と一致するといえる。このように，切支丹屋敷跡169号遺構出土のイタリア人の遺骨については，多くの成果が得られている。なお，「親指のマリア」（ⓙ）は宣教師シドティが携帯してきた絵画である。

ⓗ 169号遺構出土イタリア人頭骨 （筆者撮影）

ⓘ 169号遺構の核ゲノム解析の結果 （註4, p.22に一部加筆）

ⓙ 「親指のマリア」 （東京国立博物館蔵，ColBase 〈https://colbase.nich.go.jp/〉）

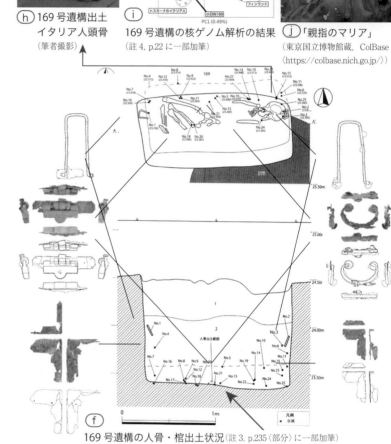

ⓕ 169号遺構の人骨・棺出土状況（註3, p.235〈部分〉に一部加筆）

ⓖ 169号竿通しの出土状況 （註3, p.116に一部加筆）

ⓐ 調査地点の位置

ⓑ 切支丹屋敷3期と調査地点の関係 （註3, p.226に一部加筆）

ⓒ 墓跡と裏門の位置関係 （註3, p.239・Google Mapに一部加筆）

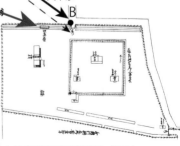

ⓔ 169・170・172号遺構の位置関係 （註3, p.236〈部分〉に一部加筆）

ⓓ 小日向切支丹屋敷絵図（部分） （東京都立中央図書館特別文庫室所蔵に一部加筆）

千提寺キリシタン墓地

Senoaiji Christian Cemetery

合田幸美

千提寺は大阪府北部の山間部に位置する。高山右近の旧領であり，フランシスコ・ザヴィエル画像など多数のキリシタン遺物がみつかったことで著名である。丘陵上に位置する5ヵ所の墓域において，中近世墓とともにキリシタン墓を検出した。

千提寺西遺跡5区の近世墓群（南西から）
座棺を納めた土壙墓が密集する。キリシタン遺物所蔵家の墓地があった箇所であり，潜伏期の一族墓となろう。右方向に降った尾根先端にキリシタン墓（4土壙を含む）が位置する。

千提寺西遺跡5区4土壙（キリシタン墓）（三次元合成写真）
長方形墓から人骨と釘が出土し，木棺伸展葬とみられる。上部には長方形に石が巡り，大分県下藤地区キリシタン墓と類似する。

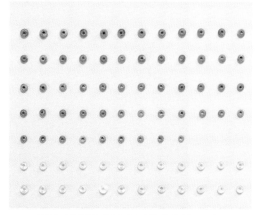

千提寺市阪遺跡2区66土坑出土ガラス小玉
直径4mm前後のガラス小玉が近世土葬墓からまとまって出土した。キリシタン遺物所蔵家に伝世したロザリオに用いられるガラス小玉に類似する。

千提寺クルス山遺跡1区の中・近世墓とキリシタン墓（北から）
長方形墓であるキリシタン墓が尾根上に直列し，その東側に近世火葬墓群が，西側斜面下の平坦地に近世土葬墓が営まれる。近世火葬墓群は仏教徒の一族墓とみられる。

写真提供／茨木市教育委員会

下藤キリシタン墓地

Shimofuji Christian Cemetery

神田高士

国史跡下藤キリシタン墓地は，66基のキリシタン墓，参道遺構，円形の小広場，小礼拝堂からなる，下藤村の地侍，洗礼名「リアン」という人物によって1597（慶長2）年より形成されたキリシタン墓地である。江戸期の禁教令を経ても破壊されることがなかった貴重な事例である。

キリシタン墓空中写真

想定復元図

下藤キリシタン墓地と下藤集落

墓壙完掘状態

キリシタン墓地北半部

特殊な配石遺構（墓碑基壇？）（E-2墓）

「INRI」銘石造物
（臼杵市教育委員会蔵）

配石遺構（H-1墓）

写真提供／臼杵市教育委員会

✝ キリシタン墓の副葬品

Relics Found in the Christian Graves of Medieval Japan

後藤晃一

キリシタン墓から副葬品が確認された例は少ない。そもそも副葬品を供えることが少ないことに加え，副葬された信心具が木製などの有機質でできているものが多いために，土中で残存しにくいという側面もある。そうした中で，副葬品が出土した数少ない例を紹介する。

高槻城キリシタン墓地

発見された 27 基の木棺墓の内 2 基からロザリオ（コンタツ）が出土した。特に N8 号木棺墓からは小珠約 90 個，大珠 2 個，変形珠 3 個が出土した。これらの珠は，埋葬されていた人骨の右手首付近から集中して出土しており，埋葬時右腕に装着していたものと推定されている。珠はすべて木製で，変形珠と大珠で十字架を構成していたと考えられる。

1．木製ロザリオ
（高槻市提供）

東京駅八重洲北口遺跡

2 基からキリシタン遺物が出土している。1 基（1404 号墓）からは，ガラス製の小珠が 49 点，木製珠が 2 点出土し，いずれも覆土の水洗時に確認できたもので，出土状況は不明である。また，無原罪のマリアを描いた青銅製メダイが共伴して出土している。もう 1 基（1966 号墓）からは，ガラス珠が 1 点出土している。

2．1404 号墓出土副葬品
1：メダイ　2：ガラス製コンタ
3・4：木製コンタ
（東京都千代田区教育委員会所蔵）

千々石ミゲル夫妻伊木力墓所

3．遺物出土状況

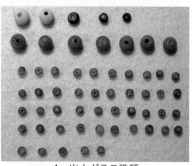

4．出土ガラス珠類
（個人蔵／諫早市美術・歴史館寄託）

**5．千々石ミゲル夫妻伊木力墓所
出土ガラス板**
（個人蔵／諫早市美術・歴史館寄託）

2 基の内婦人墓と考えられている 1 号墓から，副葬品が出土している（3）。アルカリガラス板 1 点（5），繊維片，紙のようなもの，ガラス玉類（4）等が出土した。ガラス板は類似品が大分市丹生で出土した壺に隠されたキリシタン遺物一括品の中に見られ（6），こうしたガラス板，珠などから構成される信心具として，福井医家伝世資料「笞打ちのキリスト図聖牌」（7）などがある。

6．大分市丹生出土ガラス板
（日本二十六聖人記念館所蔵）

7．福井医家伝世聖牌（Kobe City Museum/DNPartcom）

潜伏キリシタン墓地の発見

Discovery of Christian Graves in Incubation period

大石一久

垣内墓地北西部の古式長墓群（一部）

垣内集落は佐賀藩深堀領飛び地6カ村の一村・平村に属する集落で，昭和40年代まで潜伏・かくれのキリシタン集落であった。飛び地6カ村では江戸期を通じて御禁制のキリシタン長墓が築かれており，垣内墓地はその代表的な墓地である。

板状蓋石付積石長墓（第32号墓碑）

急斜面の山腹に築かれた1862（文久2）年以降の墓
手前は潜伏キリシタン時代の垣内墓地。

急斜面の山肌を削平して築かれた垣内墓地

外海版創世記「天地始之事」（垣内版）
5行目に「下かいにがうじゃく（温石・滑石）といしあり。これをたづねてすみ時はかならずふしぎあるべき。」とある。

垣内集落に伝わる潜伏時代の
マリア観音像（中国福建省徳化窯産）

1862（文久2）年の「彼杵郡三重樫山村・平村図」（右）
・「ハカ」記載箇所（左）（長崎歴史文化博物館蔵）

奥州のキリシタン類族の墓

GRAVES OF CHRISTIAN KIN IN *OSYU*

遠藤栄一

岩手県奥州市の二本木遺跡では，江戸時代の墓跡からキリシタン遺物と考えられるメダル状銅製品と三色のガラス珠が出土している。遺跡の周辺には，切支丹類族牒も現存しており，キリシタン類族の存在が確認されている。奥州市水沢は，かつてキリシタン武士後藤寿庵の知行地でもあり，東北キリシタンの一拠点でもあった。

二本木遺跡 SK14 墓跡（一般財団法人奥州市文化振興財団 奥州市埋蔵文化財調査センター提供）

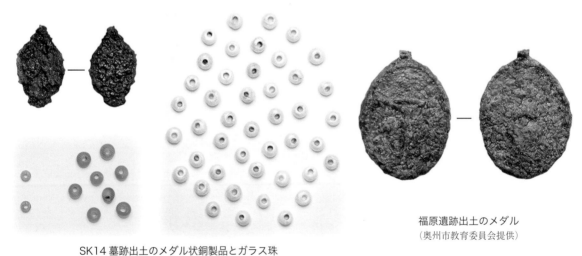

福原遺跡出土のメダル
（奥州市教育委員会提供）

SK14 墓跡出土のメダル状銅製品とガラス珠
（一般財団法人奥州市文化振興財団 奥州市埋蔵文化財調査センター提供）

福原菊地家の伝世メダル（奥州市教育委員会提供）

ARCHAEOLOGY QUARTERLY

季刊 考古学 **164**

キリシタン墓研究と考古学

南蛮図屏風 （東京国立博物館所蔵）
ColBase（https://colbase.nich.go.jp）

キリシタン墓研究の最前線

：小林義孝
KOBAYASHI Yoshitaka
地域文化調査研究センター
摂河泉地域文化研究所

近年, 大きく進展したキリシタン墓と墓地の研究を総括する。キリシタン墓研究の進展は, 世界史・日本史の理解にも大きな影響を与えていくだろう

1　2012年を画期とする研究の歩み

1998年の高槻城キリシタン墓地（大阪府高槻市）の発見は衝撃的であった。木棺に伸展のキリシタンの埋葬施設が規則的に配置されたこの遺跡は, 戦国時代末のキリシタンの葬送と墓制の実態を明らかにするものであった。そして豊後府内（大分市）や東京八重洲などでも, 共振するように次々とキリシタンの埋葬施設が検出されキリシタンの墓制研究が大きく進展した。同時に, メダイなどキリシタン関係遺物の研究も大いに盛んになった。

この状況を近年の研究の第一ステップとすると, 次のステップに進んだのが2012年である。本特集では, 大石一久による『日本キリシタン墓碑総覧』[1]が刊行され, 千提寺キリシタン墓地（大阪府茨木市）が調査された2012年以降, ここ十数年間のキリシタン墓の調査・研究の成果を総括する。歴史上の人物であるシドッチ（シドティ）や千々石ミゲルの墓が調査されたこと, 大規模なキリシタン墓地において考古学, 文献史学, 民俗学などの成果を集約してその全体像, 社会的背景が明らかになったこと, 潜伏期についての新しい文献史学の成果に対応するキリシタン墓地が確認されたことなど近年の成果は大きい。これをもとに, 総合的にキリシタン墓地について考えることができればと, 思う。

なお, 小文においては禁教期のキリシタンを「潜伏キリシタン」, 明治以降のそれを「かくれキリシタン」と表記する。

2　シドッチ（シドティ）とミゲルと墓

生涯を考古学とともにし発掘調査に長年携わっている者でも, 高校の教科書に名前が登場する歴史上の人物に関わる遺跡に遭遇することは稀有なことである。この時期のキリシタン墓研究は, このような稀な事例を二つももつこととなった。

一つは, イタリア人のカトリック司祭であるジョヴァンニ・バッティスタ・シドッチの墓である。江戸の切支丹屋敷跡（東京都文京区）で発見されたこの遺構は, 多角的な調査によってシドッチの存在に肉薄している。本誌, 池田悦夫の報告をご覧いただきたい。

もう一つは天正遣欧使節の千々石ミゲルの墓である。遺跡の詳細は, 本誌において大石一久, 田中裕介によって報告されている。この調査は, 民間の力を結集して実施した学術調査であることをまずは明記したい。調査自体が地域史像再構築の運動となっていることに調査成果を超えた大きな意義がある。

大石一久の墓石にミゲル夫妻の戒名を見出したことをきっかけに, 多くの市民や研究者が結集して, 労力と費用を持ち寄り発掘調査をはじめる。手探りの調査の中で時間をかけてじっくりと考えながらの調査は, 想像を超える成果をもたらした。

ミゲル夫妻の埋葬施設の発見, キリシタン遺物をもつ夫人, 特異な墓の造営方法と埋葬施設の形態など, これまでに確認されたことのないミゲル墓の全体像が明らかになったのである。棄てたといわれるミゲルのキリスト教への信仰

を，考古学によって再考する成果をもあげている。日本のキリスト教史研究への貢献も大きい。さらに，近世初頭の墓制の解明にも大きな力を発揮する資料となる。報告書刊行後は，国史跡指定が射程に入るものであろう。

シドッチとミゲルの二つのキリシタン墓の調査成果は，考古学を超えて日本の歴史を書き換えるような大きな成果である。

3　千提寺と下藤のキリシタン墓地

この時期のキリシタン墓地の調査・研究は，葬法の具体的なあり方をより精緻に分析することはもとよりであるが，さらに文献史学や民俗学的調査成果を合わせることで墓地の造営の背景やその後の事情をも明らかにすることができた。

千提寺キリシタン墓地の成果は，合田幸美により本誌に紹介されている。検出された30数基の長方形土壙は，形状と規模が規格的であり，縦列または並列して配置され，遺物が出土しないことからキリシタン墓と想定される。これらは共同墓地を形成することなく，五つの調査区に分かれて分布している。それぞれの調査区では中世墓が多く検出され，その一隅にキリシタン墓地が形成されていた。そして，キリシタン墓から坐棺による近世墓への転換が把握できるなど興味深い知見に満ちている。

井藤暁子は千提寺地域における民俗調査の成果によって，キリシタン墓を含む各調査区の近世墓が，現在の集落を構成する同姓の家によって造営されていることを明らかにした。少なくともキリシタン墓と近世墓，さらに現在への関連を読み取ることを試みたのである。さらに，著名なキリシタン遺物を伝世してきた家と遺跡としての墓地の対応関係も明らかにしている[2]。

千提寺キリシタン墓地は，その造営主体を想定でき，さらに現在に至る系譜を追うことが可能である。ここから，キリシタンとしての信仰を保った家と村との関係をも追究することができる。

大分県臼杵市に所在する下藤（しもふじ）キリシタン墓地は，本誌の神田高士の報告のように，墓地の全体像が明らかになるとともに，文献史料によってその時代の下藤地域の状況とキリシタン墓地造営の経緯などが復元されている[3]。

キリシタン墓地は長方形の石組遺構の下部を埋葬施設として，その上に石蓋が置かれるものである。石組遺構は400㎡ほどの空間に66基が並列して配列されており，中央部には礎石建物状遺構や墓地のシンボル的広場とも推定されている円形の広場状石敷遺構や，北側からこの広場状遺構に至る道路状遺構が配置されている。さらに，広場状遺構には石造十字架がたてられていた可能性が指摘されている。下藤キリシタン墓地は，墓地造営当時の景観を彷彿とさせる遺跡である。さらに墓地内に，「常珎」と刻まれた半円柱型のキリシタン墓碑がキリシタン墓地の近隣で発見されている。主要な被葬者の墓碑であろう。

フロイスの『日本史』などには，下藤キリシタン墓地に関わったと考えられる「リアン」という人物の名前がとどめられている。多くのキリシタンが生活を営み，教会がたてられ，キリシタンの墓地が存在することなどが記されている。1579年のこの記事の前後に，下藤キリシタン墓地の造営が開始されたと推定される。また慶長3年（1598）の検地帳には「理庵（りあん）」の屋敷地が示されており，この場所がキリシタン墓地の近隣であることが明らかになった[4]。

下藤キリシタン墓地では，墓地の具体的な様子，文献史料により造営者とその集団のあり方を総合的に知ることができる。キリシタン墓地をめぐる世界を眼前に示してくれるのである。

千提寺と下藤の二つのキリシタン墓地は，単にキリシタンの墓制を解明したことに留まらず，墓地造営の背景，造営主体や造営集団の関係性を具体的に明らかにした。それが可能になったのは，この二つのキリシタン墓地をめぐって，発掘調査の調査区の範囲を超えて，その周辺の世界に多角的に調査が及んだからである。

4　潜伏期のキリシタン墓

『日本キリシタン墓碑総覧』にむけてのキリシタン墓碑の調査のなかでのことである。長方形の板石が九州の各地で散見され，銘が刻まれていないことから断定できなかったが，これがキリシタン墓碑である可能性を想定していた，と大石一久は述懐する。

長崎県外海地方の垣内墓地において確認された同様な石材は，積石の長墓（伸展葬）（ながばか）の上に載せられていた。長方形の板石に墓碑銘はないも

のの，同様な機能をもつ遺物であることが確認された。垣内墓地は潜伏キリシタンの墓地である。60数基の長方形の板石をもつ長墓が，120㎡ほどの空間に等間隔に配列されている。この墓地は1862（文久2）年の絵図にその所在地が図示されており，墓碑がこの時期に存在していたのは明らかである。そして背後の斜面には幕末から明治期の墓地が展開している。墓地は，近世から近代まで連綿と造営されていた。そして，近年まで垣内の集落には近世の潜伏キリシタンから続くかくれキリシタンの組織が残り，近世の墓地も含めてその管理と運営がおこなわれていた[5]。

キリシタン墓＝長墓（伸展葬）であることを目視できる垣内キリシタン墓地において，近世の村人たちはなぜここに葬られることができたのか。それは，この地が厳しい禁教をおこなっていた大村藩領の間に割り込むように設定された佐賀藩深溝領の飛地の村だったことによる。外海の地域を歩いてみると，大村藩領の村の墓地と深溝領に属する村の墓地の違いは明確である。深溝領において，潜伏キリシタンの存在は寛容に黙認されていた感がある。深溝領の村には，潜伏キリシタンの時期の墓地が散見される。

垣内キリシタン墓地の発見を契機として，熊本県天草や大分県臼杵市・豊後大野市などにおいても同様な形態のキリシタン墓地が確認されている。これらの遺跡は潜伏キリシタンが多く存在した九州地方では，キリシタン禁制のあり方が地域により，またその地を支配している領主によってかなりの差異があることを示している。このことを明確に確認できたことが，潜伏期のキリシタン墓地発見の最大の意義である。

5　潜伏期のキリシタン墓碑研究の進展

キリシタン墓研究は，キリシタン墓碑研究とほぼ同義であった時期が長くつづいた。大石一久を中心に集成がなされ，多角的に検討された『日本キリシタン墓碑総覧』の刊行によって研究は大きく展開した。2012年以降の墓碑研究でさらに大いに深化したのは，潜伏期におけるキリシタン墓碑の調査である。前項で紹介した潜伏期のキリシタン墓地の発見に伴って，墓碑研究にも新しい世界が開けた。本誌，田中裕介の整理では，この時期の墓碑は切妻形伏碑，扁平形

伏碑，寄棟形墓碑，粗製伏碑に細分されている。近世の潜伏期のキリシタン墓地と墓標が明確に調査研究の対象になっているのである。

ただ銘をもたないこの時期のものを，「墓碑」と認識してよいものかどうかは考えねばならない。小口に被葬者の洗礼名などを刻んだ半円柱形を中心とする墓碑は，伸展で遺体を埋葬した施設の上に置かれていたと推測されている。

潜伏期のキリシタン墓において，上部におかれた板石は墓の存在を示す「墓じるし」としての役割をもつのみである。先にふれた下藤キリシタン墓地においては，60基以上確認されたキリシタン墓に対して近辺で採集された銘文をもつキリシタン墓碑は1基のみである。圧倒的に墓じるしとして，板状の石材（石蓋）を置くものが多いのである。これは，多くの墓碑が確認されている17世紀初頭のキリシタン墓地においても同様ではなかったかと想像する。

禁教期のキリシタン墓に伴う長方形の板状の石材は墓しるしであり，これは禁教以前のキリシタン墓においても同じではなかったか。そうだとするならば，「墓じるし」としての石材と「墓碑」の関係は，キリシタン墓における機能の問題にさかのぼって再考する必要があるのではないかと考える。

6　墓碑に刻まれた被葬者像

『日本キリシタン墓碑総覧』によるキリシタン墓碑の集成によって，被葬者の性格をある程度明確にすることができるようになっている。本誌の丸川義広「関西のキリシタン墓碑」においても，被葬者の性格を地域性を勘案しながら分析している。

これとは異なった視点からの被葬者像の解明も試みられている。大阪府域においては摂津国に属する千提寺と上音羽（ともに茨木市）のキリシタン墓碑6例，河内国では礼幡墓碑（四條畷市）と満所墓碑（八尾市）の2例が確認されている。近年の考古学や中世史の研究の進展のなかで，この地域の戦国期のキリシタンの動向が明らかになっている。

礼幡墓碑は，鎌倉時代以来の墓地を伴う千光寺跡の境内の一隅で発見された。墓地の中ではなく寺院の境内の片隅である[6]。しかし墓地遺跡には多くの中世石塔が分布しており，礼幡墓

碑に刻まれた天正9年(1581)前後の時期の小形の五輪塔などを多数確認できる。キリシタンが存在した同じ地域のなかでは，伝統的な仏教的世界が主流でキリシタンは限られた存在であることを示している[7]。

「礼幡」は，出土地一帯を支配した田原レイマンであることが明らかにされている。田原レイマンは，田原という地域の半分(近代の大字二つの範囲)を領有した土豪であった。河内などの地域の土豪層の流動性は高く。領域の農民にまでキリシタン信仰が浸透していなかった可能性が高い。

大石一久はキリシタン墓碑の被葬者像を，「領主型」「都市型」「村落共同体型」に三つに分ける[8]。礼幡墓碑は「領主型」，キリシタンが集住していた八尾で発見された満所墓碑は「都市型」，千提寺や上音羽は「村落共同体型」と整理する。礼幡は領主型の典型である。満所墓碑は司祭の冠をイメージする大形の墓碑であり，背後に町場の強い信徒組織の存在を想像させるものである。

流動性の高い土豪などを主とする領主型，商工業を営むものを主とする都市型は周辺の農村にキリシタンの信仰を浸透させることができず，それぞれが移動することでその地の信仰は消える[9]。村落共同体型の千提寺・上音羽においての永続性は農民に信仰が浸透した結果であろう。

キリシタン墓碑が置かれた歴史的な世界を明らかにすることで，当時のキリシタンと地域社会の関係に視野が広がるのである。

7　さらなるキリシタン墓研究の展開を！

2012年以降のキリシタン墓と墓地の研究は，考古学を超えて文献史学，民俗学さらには多角的な分析技術を駆使して大きく進展した。そして個別の遺跡の世界から解放されて，それぞれの置かれた歴史的世界を意識して小文をまとめた。2012年以降の研究がそれを可能にした。

さらに，今後展開が予想される点も多くある。一つは地域的な広がりである。従前，九州，関西と東京という地域がキリシタン墓研究の舞台であった。しかし，近世初頭にキリシタンが所在した，たとえば名古屋，金沢，静岡などでもキリシタン墓が確認される可能性があると考えている。中世墓地や近世墓地の遺跡で，長方形の墓壙に注意いただきたいと思う。

本特集では遠藤栄一に「奥州のキリシタン類族の墓」をまとめていただいた。類族の墓の調査，地域に伝承されたキリシタン遺物，さらに後藤ジョアンという人物など，遠藤があつかうキリシタンの世界が大きく展開することを期待する。さらに各地で類族帳の存在が確認されており，それを遺した村々で類族の墓が確認される可能がある。潜伏期のキリシタン墓とはことなった類族の墓制の解明は，近世墓研究の新たな一つの展開につながると思う。

二つめは，中世墓制から近世の墓制への展開におけるキリシタン墓の役割であろうか。従前の研究では，中世石塔から近世の墓標への展開のなかでキリシタンの問題を位置づけられていない。大石一久は，大村藩のキリシタン禁制のなかで墓を造営する時には墓石に戒名を刻むことを強制したことを近世墓標成立の契機としている[10]。九州から全国に波及したとも指摘した。興味深い仮説である。

三つめは，キリシタン墓地の構造を明らかにすることである。キリシタン墓地の資料は大きく増えたが，その構造を分析できる資料はいまだ少ない。下藤キリシタン墓地は，墓地の景観全体を復原できる稀有な資料である。しかし，埋葬施設の内部の発掘調査は1基が実施されたのみである。

キリシタン墓地の構造の研究は，田中裕介が牽引してきた[11]。基本的な構造としては，埋葬施設は等間隔に列状に配列され，側面を並行させる場合と小口面を合わせる場合がある，とする。この認識をもとに，キリシタン墓地の分析するのである。墓地全体における埋葬施設の基本的な配置はこれに則っていることは間違いない。しかし本誌において筆者が再検討したように，細部にはまた別の論理が働いていた可能性も否定できない。

これまで検出された墓地の資料は長方形の埋葬施設の配置は確認できるものの，被葬者の性別や頭位，棺の材料や作りの差異など，その全体像をある程度確認できるものは高槻城キリシタン墓地の資料以外にない。ひとまず近年のキリシタン墓地研究の原点であるこの資料に回帰しようというのが筆者の執筆の動機である。そこには配列とともに頭位によって整理した結果，キリシタン墓地の中に区画が存在する可能性を

指摘できた。そして区画ごとの被葬者のあり方の差異も析出できた。

　近代のカトリック教団による墓地を通覧しても多様なあり方をもつ。それぞれが教義によって造営されているはずであるが，一つの統一的な規範によるのではなく，その解釈による多様性をもつ。初期のキリシタン墓にも同じような多様性を認める必要があると思う。

　四つめの課題はキリシタン墓地の形態の違いから，それを生み出した背景を追究することである。田中裕介はキリシタン墓地の二つの形態を示す。一つめは海外から持ち込まれたキリシタン墓地であり，教義の規制の強い。高槻城キリシタン墓地と下藤キリシタン墓地がこれにあたる。二つめは，先祖の墓地を踏襲して家族ごとの血縁関係によって造営されたのが千提寺のキリシタン墓地である。これは先にふれた，大石のキリシタン墓碑の造営主体の「都市型」と「農落共同体型」に対応するものであろう。

　キリシタン墓地のあり方から，信仰集団の性格や系譜を探ることができる可能性がある。ただ，墓地の構造を明確に示す資料は未だ少ない。墓地の構造から信仰集団の構造，集落と家の信仰の関係など，今後，考えなければならない課題は多い。

＊

　小文では，2012年以降のキリシタン墓と墓地の調査研究について全体的な紹介をおこなった。ここで述べたことは，その研究は個別の遺構や遺跡を超えてキリシタン史，さらには歴史の全体に影響をもちつつあるということである。さらなる研究の進展を期待したい。

註

1) 　大石一久編『日本キリシタン墓碑総覧』南島原市教育委員会，2012
2) 　井藤暁子「大阪府茨木市千提寺キリシタン，現在に残る集落構成と出自」『キリシタン文化研究会会報』147，2916
3) 　神田高士ほか『下藤地区キリシタン墓地』臼杵市教育委員会，2016
4) 　五野井隆「イエズス会記録にみるキリシタンの葬送儀礼と墓地の様相」・大津裕司「中世の『野津院』と下藤周辺」2論文とも前掲註3所収
5) 　大石一久「外海の潜伏キリシタン墓」『天地始まりの聖地 長崎外海の潜伏・かくれキリシタンの世界』批評社，2018
6) 　村上　始・實盛良彦ほか「寺口遺跡・千光寺跡」『四條畷市文化財調査年報』10，四條畷市教育委員会，2023
7) 　小林義孝「田原『礼幡（レイマン）』墓碑の出土状況」『戦国河内キリシタンの世界』批評社，2016
8) 　大石一久「異聞文化の記憶　大阪・河内のキリシタン墓碑」『大阪春秋』165，2017
9) 　仁木　宏「戦国時代の河内と三好長慶─城・都市・キリシタン─」『飯盛山城と三好長慶』戎光祥出版，2015
10) 　大石一久「キリシタン墓碑とその影響」高村高雄編『中世石造物の成立と展開』高志書院，2020
11) 　田中裕介「日本におけるキリシタン墓地の類型とイエズス会の適応政策」『論集 葬送・墓・石塔』狭川真一さん還暦記念会，2019

キリシタン墓研究の視角

キリシタン墓研究の現在の状況を確認し,
今後の研究をいくつかの視点で展望する

∶ キリシタン墓研究の歩み／キリシタン墓碑の布教
期から潜伏期への移行／近世墓の中のキリシタン
墓／文献資料にみるキリシタンの葬送儀礼と墓

キリシタン墓研究の歩み

田中裕介 TANAKA Yusuke ∶
別府大学教授

大正時代に墓碑の研究から始まり,21世紀に
はいって墓地の総合的研究にいたる歩みを辿る

キリシタン墓の研究に考古学が関わって,すで
に100年を超えた。その歴史を,0期:研究以前,
1期:キリシタン墓碑研究のはじまり,2期:切支
丹幻想の時代,3期:キリシタン墓地の発掘と発見,
4期:下藤キリシタン墓地調査以後に分けて振り
返る。

1 0期:研究以前

キリシタンの歴史が注目される背景には,明治
初年までの切支丹邪教観が西欧文化の流入に伴っ
て好転し,キリスト教がプラスのイメージで語ら
れ,青年層や知識層を中心にキリスト教が市民権
を得たという社会環境の変化がある。キリシタン
への関心は文学から始まり,すぐにその歴史に,
さらに各地の遺跡や伝承におよんだ。

九州では,森豊造が1902(明治35)年頃から長
崎県島原半島の花十字の刻まれた墓碑の探索をは
じめ,大分県では、1913(大正2)年に創刊された
雑誌『郷土研究』において,読者の間で豊後のキ
リシタン墓地の伝承や場所が話題になり,伊東
東が現地調査をおこなったことに始まる[1]。
あずま

このような状況の中で,考古資料としてキリシ
タン墓碑が特定される。なお考古遺物としての墓
碑は現状ではすべて石製品であり,石製を省略し
て墓碑としるし,木製の場合は木製墓碑と記す。

2 1期:キリシタン墓研究のはじまり

関西でのキリシタン墓碑の発見 1917(大正6)年,
京都市内で十字架意匠とひらがな書きの洗礼名が
刻まれた墓碑が発見される。この年8月京都市西
ノ京延命寺境内において,3基の立碑形式の墓碑
が発見され,京都大学考古学研究室の島田貞彦と
京都大学の言語学者新村出がキリシタン墓碑と認
定したのを嚆矢として,以後数年のうちに京都市
内各所,さらに大阪府三島郡高槻で次々と発見さ
れた。その重要性をいち早く認識した濱田耕作は
京都大学文学部による総合調査をおこない,その
成果を1923(同12)年,京都帝国大学文学部考古
学研究報告第7冊『吉利支丹遺物の研究』[2]にま
とめた。以下「京大報告」とよぶ。

京大報告 濱田と新村は,関西で発見された9
基のキリシタン墓碑を実測図と拓本を用いて紹介
するとともに,以下のような重要な指摘をおこ
なった(図1)。

①関西発見のキリシタン墓碑には**板碑形**と**蒲鉾
形**の区別があり,前者は中世日本の「板碑の系統
に属する光背形墓碑を襲用せるものにして」,後
者はキリスト教の「流入の結果新に発生したる別

個の形式に属するや言うまでもなし。」と述べた。
蒲鉾形墓碑の中に，北京フェルピースト墓や，長崎悟眞寺墓碑のような現在半円柱形柱状伏碑とよぶものも含めた。

②板碑形の頭頂部形式に尖頭と円頭の別があり，後者「の墓碑は従来我国に於いて見ること無かりしものにして，（中略）蒲鉾形墓碑に於ける西教（キリスト教：筆者注）の影響を受けたるものに外ならざるべし。」と述べて，円頭は上部を半円形に整形する蒲鉾形墓碑の影響であると推論した。

③蒲鉾形墓碑は，「棺の蓋を形象したにしては厚きに過ぎ，寝棺の上に置くにしては短きに過ぎる」と述べて，関西の蒲鉾形墓碑の埋葬施設を坐棺と推定した。

④墓碑に刻まれた被葬者の没年は1602（慶長7）から1610（同15）年にあり，いずれも17世紀初頭の墓碑であると指摘した。

⑤正面上部に板碑形，蒲鉾形を問わず罪標十字架や，ギリシャ十字などの十字架意匠を表現し，中央にひらがな，カタカナや草書体表記の洗礼名を記し，左右に日本年号による和暦没年月日を，時には「御出世以来〜年」という西暦表記も現れるとまとめた。

⑥さらに，キリシタン墓碑の変遷を次のように見通した。「本邦墓碑の形式に，在来の形式以外に西洋の石棺より脱化せる蒲鉾形の墓碑の新形式を発生し，またこれが影響により光背形板碑の形式にも円頭の一変種を産出するに至らしめたると同時に一方には在来の仏教徒墓碑とほとんどまったく同一の形式を襲用したるものあるを知るべし。」と。つまり，尖頭形式の整形立碑（＝板碑形）の後に半円柱形の柱状伏碑（＝蒲鉾形）が現れ，その影響で円頭形の整形立碑が生じたと述べたことは，今日でも変更を要しない卓見であった。

この京大報告はキリシタン墓碑研究の嚆矢にして，墓碑の形式分類の基本と，その後の研究の方向を確定した画期的なものであった。

長崎県島原半島における墓碑の発見　長崎県島原半島に所在する「不思議な墓」に注目していた森豊造が，関西のキリシタン墓碑発見の報に接して，その石造物がキリシタン墓碑であると確信し，さらに調査を進める。その成果は京大報告にも一部掲載されたほか，当時長崎県で出版された写真資料豪華本の中に集成された[3]。昭和期にはいると島原口之津の元山元造ら地元の研究家に，長崎市

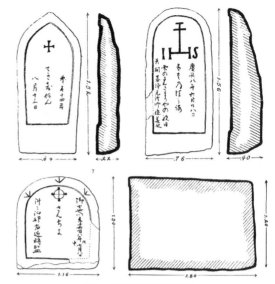

図1　京大報告の墓碑分類
左上：尖頭板碑形　右上：円頭板碑形　下：蒲鉾形

のキリシタン史研究者片岡弥吉も調査に加わり，1917（大正6）年以来1940（昭和15）年までに80基近くの墓碑が長崎県において発見され，集成された[4]。

片岡弥吉の墓碑研究

片岡弥吉は長崎県のキリシタン墓碑を整理して次のような新たな見解を加えた[5]。

①立碑形（＝京大報告の板碑形）と寝棺形伏碑（＝京大報告の蒲鉾形）にほかに，長崎県下には，関西にない形式として平形（＝扁平蓋石形）が存在することを明確に位置づけ，寝棺形と平形をあわせた伏碑形こそ，キリシ

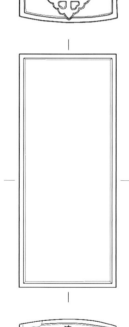

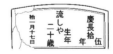

図2　西田平るしあ墓碑（註24）

タン墓碑特有の形式であると評価した（図2）。

②キリシタンの埋葬施設が本来，寝棺であると伏碑の形態から推定した。

③長崎県の墓碑の被葬者の没年は1606（慶長11）年から1622（元和8）年に集中し，京大報告と同じく17世紀初頭のものであることを追認した。

④ひらがなや草書体のほかにローマ字表記の銘文があること，正面のみならず背面に銘文がある例があることを指摘した。

⑤罪標十字架のほかに長崎では花十字文様が多く，正面のほか背面上部に刻む例もあることを指摘した。

⑥長崎市浦上に，18世紀の潜伏キリシタンの墓碑が残されていることを報告した。

以上，片岡によって，長崎には関西の整形立碑に対応する墓碑が存在しないこと，逆に関西に存在しない扁平形板状伏碑の墓碑と，半円柱形の柱状伏碑が大多数であることが明らかになった。

天草と大分におけるキリシタン墓碑研究　長崎県の発見の影響を受けて1930年代後半には，熊本県天草地方や大分県においてキリシタン墓碑の新たな発見がつづいた。天草では元山元造の協力で，数多くの伏碑形墓碑がキリシタン墓碑と報告され[6]，大分県では大分カトリック教会の牧師であったマレオ・マレガらがキリシタン遺跡や墓地の踏査をおこなった[7]。キリシタン墓碑の新発見も多くあったが，この両地方では十字架文様も洗礼名の記載もなく，伏碑形の墓碑という根拠のみでキリシタン墓とされたものが多く，年代の特定も困難であった。キリシタン墓碑と断定できる指標の欠如から十字架文様とは異なる素朴な十字線刻を根拠としてキリシタン墓と見做されたり，根拠の薄弱なキリシタン遺物が紹介され[8]，その真偽をめぐって研究者の対立を生んだ[9]。

3　2期：切支丹幻想の時代

第二次世界大戦後の混乱が落ち着いた1950年代からキリシタン墓碑への関心は復活するが，その後の研究を担ったのはキリシタン史研究者（文献），地方史家，好事家であって，考古学研究者や石造物研究者はほとんど関わっていない時代である。戦国時代や江戸時代初期にキリスト教が盛んな地域には，当然潜伏キリシタンがいたに違いない，だからキリシタンに関わるものが残っているに違いないという発想から，さまざまな表徴をキリシタンと解釈する傾向が生まれる。筆者は井上章一[10]にならってこの状況を切支丹幻想とよびたい。しかしそのような研究環境の中でも関西と九州では新たな資料が追加され，重要な知見が加わった。

河内における天正年間の墓碑の発見　1933（昭和8）年大阪府八尾市で天正期のキリシタン墓碑が発

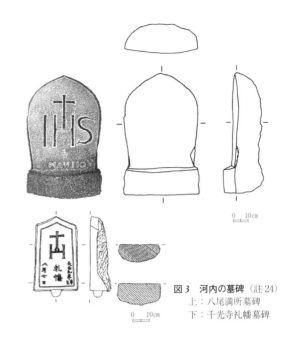

図3　河内の墓碑（註24）
上：八尾満所墓碑
下：千光寺礼幡墓碑

見された[11]が，その存在知られるようになったのは戦後である。1582（天正10）年銘をもつ八尾満所墓碑である。それまで17世紀の慶長期以後の墓碑しか知られていなかったが，この発見によって16世紀に遡るキリシタン墓碑の存在が明らかになった（図3上）。2002（平成14）年には，大阪府四条畷市で千光寺礼幡墓碑（1581〈天正9〉年銘）が発掘調査によって発見されている（図3下）。ともに大阪府河内地方の発見であり，初期のキリシタン墓碑は尖頭あるいは圭頭形という頂部が尖った整形立碑である可能性が強くなった。一方大阪府摂津高槻では藤波大超によってその後も墓碑が発見され[12]，京都市内でも発掘調査による発見がつづき丸川義広によってまとめられている[13]。

熊本県と大分県の墓碑の発見　大分県では1949（昭和24）年に臼杵市掻懐キリシタン墓碑群が発見されたのを嚆矢に，臼杵市野津町下藤常珎墓碑，佐伯市宇目町重岡るいさ墓碑が発見され[14]，熊本県でも1930（同5）年に，天草上津浦正覚寺で半円柱形柱状伏碑などの墓碑群が発見されて以来，玉名市，八代市などで発見がつづいた。その結果，大分県と熊本県に長崎県と同様な伏碑形墓碑が分布すること判明した。

キリシタン墓碑の起源の探求　長らく伏碑形墓碑の起源の問題を追究していた片岡は，キリシタン墓碑の起源がヨーロッパにあることを認めて，新たに長崎を中心に墓碑の分類を再考し，半円柱形や平形をはじめとする伏碑形式がローマに起源を

発しポルトガルが伝播の出発地であるとの考えをまとめた[15]。また，潜伏キリシタンの墓地の研究をさらに進めた[16]。

松田毅一による図像と墓碑の研究　従来から言い習わされてきたキリシタン遺物や墓碑などが正しくキリスト教遺物であるかどうかを判別することや，墓碑の碑文解読，墓碑に刻まれた十字架文様の研究を進めたのはキリシタン史研究の第1人者であった松田毅一であった。松田は十字文様の拡大解釈に警告を発し，キリシタン墓碑を確実なものに限るよう提言し，その観点からキリシタン墓碑の総合的研究を目指したが，残念なことに島原半島の墓碑を扱ったところでその研究は終わってしまった[17]。

4　3期：キリシタン墓地の発掘と発見

研究状況が大きく変化するのは，1990年代からである。それ以前に長崎県平戸市がキリシタン遺跡の現地調査を考古学的手法を用いて計画的におこなったが，ウシワキ墓地などの一部の成果に留まった[18]。その後事態が大きく動くのは，1998（平成10）年の大阪府高槻市の調査からである。

高槻城キリシタン墓地の発見（図4）　高槻城内の三の丸北郭に位置する野見神社は，かつて高山右近時代の教会堂の跡と伝承されていた。その場所の東側から，高山右近時代（1570年代）のキリシタン墓地の一角が明らかとなった。区画施設を伴って南北方向に揃えた26基の木棺墓が発見され，木棺材，人骨，副葬品が良好な状態で残されていた。キリスト教を裏付ける十字の墨書，木製の珠からなるロザリオの発見により，キリシタン墓地であることが確実になり，伸展葬による長方形木棺の利用，並列する埋葬など，キリスト教特有の

図4　高槻城キリシタン墓地A区北群（註19，高槻市提供）

埋葬構造，墓地構造が明らかとなった[19]。

この高槻城キリシタン墓地の契機に，2000（平成12）年に東京駅八重洲北口遺跡[20]，2001（同13）年に大分市豊後府内10次調査区[21]とキリシタン墓地の発見が相次ぎ，高槻，江戸，豊後府内でほぼ同じ特徴をもつ埋葬施設と墓地が発見され，1614（慶長19）年の禁教令以前のキリシタン墓地が，全国共通の特徴をもっていたことが明らかになった。この3遺跡の調査を受けて2004（平成16）年には，今野春樹によってキリシタン墓地の総括がなされた[22]。こうして停滞していたキリシタン墓への関心が一気に復活し，同じころから大石一久・田中裕介らによって，九州と関西の墓碑の悉皆的な調査が始まった[23]。

『日本キリシタン墓碑総覧』の刊行　全国の200基を超えるキリシタン墓碑の悉皆調査がおこなわれ，その成果は大石一久編『日本キリシタン墓碑総覧』（2012年）[24]に結実した。濱田耕作，片岡弥吉以来の墓碑の分類を再検討[25]し，松田の墓碑に対する認識を引き継ぎ，碑文と墓碑型式の対応から，年代的変遷と九州と関西の相違，関西のキリシタン墓碑の起源など，各寄稿者によって研究の到達点と問題点の整理がおこなわれた。この時期併行して長崎純心大学による，片岡弥吉の墓碑調査と墓碑の起源の再検討がおこなわれている[26]。

小括　以上のように21世紀の最初の10年間の成果によってキリシタン墓碑と墓地の両面からその特徴が整理され，何をもってキリシタンの墓と判断するかその基準が示された。同時に副葬品や伝世品を中心にしてキリシタン遺物に関する関心もたかまり，今野春樹によるキリシタン関係の遺構遺物のハンドブックも出版された[27]。

5　4期：下藤キリシタン墓地調査以後

2010年代になると，九州と関西で，墓碑などの地上施設と墓壙がセットとなった墓域全体を対象とする調査が始まった。これまでの調査が墓碑と墓地に分離して進行してきたのに対して，墓碑を含む地上施設が保存された墓地の調査が，期せずして大分県臼杵市下藤遺跡と大阪府茨木市千提寺（せんだいじ）遺跡群で併行しておこなわれ，禁教期以前の墓碑と墓地の実態がより鮮明になった。調査はキリシタン史家の注目も集め，五野井隆史によって宣教師史料から見た葬礼と墓碑の研究が現れ[28]，また江戸時代潜伏期の墓に関心が拡大し，2014（平

成26)年には新井白石の『西洋紀聞』で知られる
イタリア人宣教師シドッチ(シドティ)の墓が東京
都文京区で発見され[29]，同年からは長崎県諫早市
で1633(寛永9)年に亡くなったと考えられる千々
石ミゲル夫妻墓所の調査がおこなわれている[30]。

　下藤キリシタン墓地の調査　2010(平成22)から
2015(同27)年に調査がおこなわれた。「常玢」銘
の墓碑と十字架施設の頭部が以前から知られ，中
央の十字架施設，礼拝堂，礫敷きの参道，長方形
の木棺墓とその上に置かれた石組遺構などが出
土し[31]，同時期の高槻城キリシタン墓地と墓地の
平面構成が近似することが指摘された[32]。宣教師
史料と検地帳などの日本側史料との対比により，
1579(天正7)年に設けられ1630年代ごろまで使用
されたと推定された。現地の江戸期の村落資料の
調査から，江戸初期のキリシタン時代の村落構造
を復元した総合調査となった[33]。

　千提寺遺跡群の調査　大正時代に多種多量のキ
リシタン伝世品が発見され，17世紀初頭の墓碑
が所在する大阪府茨木市千提寺地区[34]の中近世墓
地群が発掘され，千提寺西遺跡，千提寺クルス山
遺跡，千提寺市坂遺跡からキリシタン墓地が発見
された[35]。伸展葬が想定される長方形の木棺墓，
下藤墓地と類似する石組遺構の存在，等間隔で並
べる配置方法など，高槻城キリシタン墓地と共通
する特徴の存在とともに，キリスト教以前の仏教
徒時代の墓地構成にキリシタン墓地を追加してい
く家ごとの墓地構成がおこなわれている点など，
関西のキリシタンの地域性が現れている[36]。

　以上の墓碑と埋葬施設の併存墓地の調査によっ
て，キリシタン墓碑はすべてのキリシタン墓に建
てられたものではなく，一部の特定の聖的な人物
にたいして建てられたことが示され[37]，墓地の構
造も九州と関西に一定の類似と相違があることな
どが判明した。

　潜伏期のキリシタン墓　2010年代に注目を集め
ているのは，江戸時代1614(慶長18)年の全国的
禁教令以後の，潜伏キリシタンの墓制である。幕
末まで存続した潜伏キリシタンは，平戸から天
草にいたる九州西海岸，福岡県筑後平野の今村
周辺，大阪府千提寺・下音羽などに限られるが，
17世紀後半の「崩れ」や切支丹類族改め以前は，
全国的にキリシタンが潜伏していた。彼らの状況
を墓碑から追究する研究である。とくに西九州で
は「長墓」とよばれた潜伏キリシタン墓の実態解

明，第2期の切支丹幻想の時代にキリシタン墓と
いわれた墓碑の真偽判定と，禁教期以前の墓碑と
の関係などが注目されている[38]。そのような中で
2014(平成26)から2021(令和3)年までおこなわれ
た長崎県諫早市千々石ミゲル墓所の発掘調査で，
1633(寛永9)年禁教初期に埋葬された信仰者の墓
地が，仏教式の墓碑を建てるものであったことが
明らかとなり，潜伏期のキリシタン葬制の初期の
実態を明らかにした。

6　まとめ

　以上その歩みを略記してきたキリシタン墓制の
考古学的研究は，墓碑の特定，分類と変遷，その
年代決定，埋葬様式の特定など基礎的な研究が進
捗をみて，現在はさらに関東東北のキリシタン墓
地[39]，布教期から潜伏期の墓地の追究と地理的年
代的な外延に進み，基礎的な資料の整理の段階を
脱しつつあり，これからは今まで積み重ねられて
きた資料を基礎に，キリスト教史，近世史の研究
者と対話を重ね，総合的歴史研究の中に位置づけ
るなど，その内実を深める方向に進むことを願う
ものである。

　なおキリシタン墓の研究史をまとめるにあたっ
て坂詰秀一，片岡留美子の仕事を参考にした[40]。

　註
1)　田中裕介「伊東の論文「「クルスバ」と了仁
　　寺」について」『史学論叢』44，別府大学史学研
　　究会，2014
2)　濱田耕作・新村　出「京都及其付近発見の切支
　　丹墓碑」『吉利支丹遺物の研究』京都帝国大学文
　　学部考古学研究報告7，1923
3)　前掲註2，p.76。永山時英『増訂切支丹史料集』
　　(対外史料宝鑑第壱輯)，1927
4)　片岡弥吉「長崎県下キリシタン墓碑総覧」『キ
　　リシタン研究』1，キリシタン文化研究所，1942
5)　片岡弥吉「キリシタン墓碑の研究」『純心女子
　　短期大学紀要』2，1955，pp.109-149
6)　下田曲水『暫定天草切支丹史』稲本報国舎，
　　1941
7)　マレオ・マレガ「豊後切支丹遺跡」『続豊後切
　　支丹史料』ドン・ボスコ社，1946。田中裕介「豊
　　後キリシタン遺跡の研究史・戦前編」『大分県地
　　方史』227，大分県地方史研究会，2016
8)　竹村　覚『キリシタン遺物の研究』開文社，
　　1964など
9)　織部灯篭の批判から始まった松田毅一による
　　キリシタン墓の真偽に対する一連の厳しい批判が，

1960〜70年代におこなわれた。松田毅一『南蛮巡礼』朝日新聞社，1967。同『キリシタン 史実と美術』淡交社，1969。同『キリシタン研究 第二部論攷編』風間書房，1975

10)　井上章一『南蛮幻想』文芸春秋，1998

11)　松田毅一『河内キリシタンの研究』八尾市立公民館郷土史料刊行会，1957

12)　藤波大超『千提寺・下音羽のキリシタン遺跡』1952

13)　丸川義広「近世京都のキリシタン墓碑」『平安京歴史研究』杉山信三先生米寿記念論集，1993，pp.257 - 267。同「京都のキリシタン遺跡」『戦国河内キリシタンの世界』批評社，2016，pp.258 - 272

14)　この時期大分県の研究を主導したのは、半田康夫である。

15)　片岡弥吉「キリシタン墓碑の源流と墓碑形式分類」『キリシタン研究』16，吉川弘文館，1976，pp.115 - 140。同「キリシタン墓碑」『探訪大航海時代の日本』7，小学館，1979，pp.127 - 140

16)　片岡弥吉『キリシタン殉教史』時事通信社，1979，pp.514 - 528

17)　松田毅一「キリシタン墓碑総覧Ⅰ」『京都外国語大学研究論叢』XⅧ，1978，p356 - 375

18)　長崎県平戸市では教育委員会が，キリシタン遺跡の試掘調査を継続して実施した。長崎ではキリシタン考古学への関心は下川達弥，荻原博文を通して持続した。

19)　高橋公一 編『高槻城キリシタン墓地』高槻市教育委員会，2001

20)　今野春樹ほか『東京駅八重洲北口遺跡』森トラスト株式会社・千代田区東京駅八重洲北口遺跡調査会，2003

21)　田中裕介・後藤晃一 編『豊後府内』6，大分県教育庁埋蔵文化財センター，2007

22)　今野春樹「キリシタンの葬制」『キリシタン文化研究会会報』123，2004

23)　キリシタン墓碑への関心の復活は，石造物研究者からは大石一久「墓塔・墓碑から見たキリシタン時代の様相」（『大村史談』53，大村史談会，2002）に始まり，考古学では長崎県考古学会が2008年と2010年にキリシタン墓をテーマに講演や研究集会をおこなった。

24)　大石一久 編『日本キリシタン墓碑総覧』南島原市教育委員会，2012

25)　田中裕介「日本における16・17世紀キリシタン墓碑の形式と分類」註24書

26)　片岡瑠美子 編『キリシタン墓碑の調査』長崎純心大学，2012

27)　今野春樹『キリシタン考古学』考古調査ハンドブック8，ニューサイエンス社，2013

28)　五野井隆史「キリシタンの葬礼と墓碑」『キリシタンの文化』吉川弘文館，2012。同「キリシタンの葬礼」『キリシタン信仰史の研究』吉川弘文館，2017

29)　石井たま子 編『切支丹屋敷跡』三菱地所レジデンス株式会社・テイケイトレード株式会社埋蔵文化財事業部，2016。文京区教育委員会 編『シドッチ神父と江戸のキリシタン文化』2018

30)　小林義孝 編『千々石ミゲル夫妻伊木力墓所発掘調査（第1次－第3次）報告書』千々石ミゲル墓所発掘調査実行委員会，2019

31)　神田高士 編『下藤地区キリシタン墓地』臼杵市教育委員会，2016

32)　田中裕介「キリシタン墓地の構造」『日本考古学協会2012年度福岡大会研究資料集』2012

33)　大津祐司「豊後国大野郡野津院下藤村の村落構造」『史料館研究紀要』19，大分県立先哲史料館，2015

34)　この地域の総合的研究は，以下に詳しい。井藤暁子 編『彩都（国際文化公園都市）周辺地域の歴史・文化総合調査報告書』大阪府文化財調査研究センター，1999

35)　合田幸美 編『千提寺西遺跡 日奈戸遺跡 千提寺市坂遺跡 千提寺クルス山遺跡』大阪府文化財センター，2015。合田幸美「千提寺のキリシタン墓」『戦国河内キリシタンの世界』批評社，2016

36)　田中裕介「日本におけるキリシタン墓地の類型とイエズス会の適応政策」『論集 葬送・墓・石塔』狭川真一さん還暦記念会，2019

37)　墓碑の被葬者の問題については，大石一久「キリシタン墓碑研究のこれから—九州と畿内のキリシタン墓碑—」『戦国河内キリシタンの世界』批評社，2016，p.312

38)　大石一久「キリシタン受容と展開」『歴史考古学』71，歴史考古学研究会，2015。同「垣内・潜伏キリシタン長墓群」『戦国河内キリシタンの世界』批評社，2016

39)　今野春樹「東日本のキリシタン遺跡」『戦国河内キリシタンの世界』批評社，2016

40)　坂詰秀一「日本のキリスト教考古学」『立正史学』65，1989（『歴史考古学の視角と実践』雄山閣，1990に再掲）。片岡瑠美子「キリシタン墓碑に関する研究史」『キリシタン墓碑の調査』長崎純心大学，2012

キリシタン墓碑の布教期から潜伏期への移行

大石一久　OISHI Kazuhisa

元・長崎歴史文化博物館

これまでのキリシタン墓碑の調査成果から，特徴とその変遷が明らかとなった。その背景に布教期から潜伏期への移行が読み取れる

中世から近世への過渡期，戦国争乱の一時期にあだ花のように華開いたキリシタン時代は，数少ない宣教師のもと，既存文化との衝突・適応を繰り返しながら，我が国に初めて西欧キリスト教文化の一端をもたらした。その精神文化は死生観にまで及び，我が国伝統の葬送儀礼とは異なる新たなキリスト教独自の葬送文化を伝えた。その一つがキリシタン墓碑であった。

キリシタン墓碑は，日本人が初めて接した異形の長墓（伏碑）である。それだけに驚きもあったであろうし，キリスト教という宗教を実感させる墓碑でもあったと思われる。伝播当初，キリスト教は仏教の一派的な捉え方をされていたが，その曖昧な概念を覆し，異国（南蛮）の宗教であると明確に認識させた一つが，これまで見たこともなかった長方形状のキリシタン墓碑であったと思われる。

1637（寛永14）年に勃発した島原・天草一揆の際，キリシタンでない人たちは自らの宗教を「日本宗」と表明したが，そこにはキリシタンは異国（南蛮）の宗教という認識があったことを示唆している[1]。だから，一揆勢の主軸をなした立ち帰りキリシタンは，「切支丹のとふらひ（弔い）」（キリシタンの葬法）をせず地上に長墓を築かなかったことに神（デウス）の怒りを感じ取ったのである[2]。つまり，寝棺の長墓で葬られることは確実にパライソ（天国）に召されるための葬法であり，キリシタンとしての最期の証しであった。だから，世情が許す限り長墓の葬法にこだわったのである。もちろん，その許された世情は各藩各領で時期差があって一様ではないが，肥前大村藩においては1657（明暦3）年の郡崩れまでであったことはいうまでもない[3]。

それに対し，西彼杵半島に点在した佐賀藩深堀領飛び地6カ村（黒崎村，畝刈村，平村，永田村，賤津村，樫山村）の潜伏キリシタン集落は，近世を通じて御禁制の長墓が築かれた稀有な地域である。ただ，江戸後期になるに従い寝棺と長墓の教義的な意味合いは忘れ去られ，寝棺に長墓を築く行為のみに意味を見出す死生観の萎縮化が進んでい

る[4]。また，潜伏キリシタンは，その属性として社会に共存した証しという側面を含んでおり，島原・天草一揆の立ち帰りキリシタンとはその性格が異質であったと考えられる[5]。

1 布教期の整形キリシタン墓碑とその特性

筆者は，2012年刊行の『日本キリシタン墓碑総覧』を編集するため全国のキリシタン墓碑調査を実施したが，その際，全体で192基のキリシタン墓碑を確認した[6]。この192基という基数は，そのほとんどが禁教・弾圧期に破壊された後の姿であり，地下遺構と切り離された単品として偶然存在しているにすぎず，本来はさらに多く建碑されていたことは間違いない。また，192基はあくまでも整形されたキリシタン墓碑の総数であり，その後，垣内墓地（長崎県長崎市）や下藤地区キリシタン墓地（大分県臼杵市）などで確認された粗形板状伏碑や石組長墓などのキリシタン墓碑は含んでいない。そのため，キリシタン墓碑の全国基数は今後確実に増加する。この項では布教期の整形キリシタン墓碑や墓地景観などについて，その主な特徴や教義的な意味合いなどについて概略する。

①**分布地の偏在**　キリシタン墓碑の分布は非常に偏在している。全国で確認される192基のうち約76％にあたる146基が長崎県に集中し，そのうち131基（全体の約68％）が島原半島で確認される。九州圏では熊本県や大分県でも確認されるが，近畿圏では大阪府（四條畷市，八尾市，茨木市の3市）と京都市内だけである。中国・四国地方や中部地方，関東以北などでは，明確な石造キリシタン墓碑は確認されていない。

②**墓碑形態の相違－近畿圏では板状伏碑は確認できない**　半円柱形などの柱状伏碑は九州圏で47基，関西圏では11基確認されるが，板状伏碑112基はすべて九州圏で確認され，関西圏ではまったく確認されない。

③**製作時期－キリシタン伏碑は1600年以降に登**

場　全国のキリシタン墓碑 192 基のうち，紀年銘を刻む墓碑は 41 基である。その中で日本最古の紀年銘をもったキリシタン墓碑は 1581（天正 9）年銘の千光寺跡出土「礼幡」墓碑（大阪府四條畷市），ついで 1582（天正 10）年銘八尾・マンショ墓碑（大阪府八尾市）である。ともに整形立碑であるが，在来石塔を転用するなど独自のキリシタン墓碑となっている。

　それに対し，キリシタン墓碑の典型である整形伏碑で最古の紀年銘をもつ墓碑は，柱状形，板状形ともに長崎県の雲仙市内で確認される。半円柱形の柱状伏碑としては，1604（慶長 9）年 9 月銘の土手之元第 1 号墓碑（雲仙市，図 1）が現段階で日本最古の伏碑である。整形伏碑のもう一つのタイプである板状伏碑の最古は，1606（慶長 11）年銘の「里阿ん」墓碑（雲仙市）である。

　紀年銘に従えば，キリシタン特有の整形伏碑は 1600 年代初期ころに日本で初めて造立されたと考えられ，ザビエル伝道から約半世紀を経てようやく導入されたことになる。それが何故なのかは今後の課題であるが，1600 年代初期以降本格的に新様式のキリシタン伏碑が登場するまでは在来の石塔を転用したり，宣教師の書簡などに記されているように木製の十字架や大十字架碑（クルザード）の側に埋葬するだけで特別な石造の地上標識は築かなかったのではないかと思われる[7]。

　④**墓地景観**　平地状の墓地に長墓が配置される景観は，キリスト教の伝播期（布教期）から初期の潜伏期にかけて，キリシタン墓地共通の特徴と捉えている。とくに平地の少ない長崎県内の西彼杵半島や島原半島などでは顕著で，急斜面の自然地

形をそのままに段々状に築く仏教墓地とは対照的である[8]。

　キリシタンは何故に平地状の墓地にこだわるのか。そこには重要な意味があると考えている。教会堂や信徒組織に集う信徒は，全員が単婚小家族（一家族，イエ）を超えた大家族である。そのため，墓地は大家族を意識して同じ一つの空間（平地）で埋葬し，単婚小家族の区画割をしない。つまり，平地状の墓域は大家族を意識した結果の景観であり，仮に区画割をするとすれば平地状の墓域全体を囲む形で石壁などを築き，聖・俗の結界と大家族のための墓地という 2 つの意味合いをもたせていると考えられる。

　墓地景観とキリスト教の死生観をよく示す事例が，1873（明治 6）年以降に築造された近代キリスト教墓地で見られる。その典型が田平教会堂に付随した瀬戸山墓地（長崎県平戸市）で，1918（大正 7）年に聖別（祝別）された平地状の墓地である。この墓地では，昭和 40 年ころまでは墓域の中心に立てられたクルザード（大十字架）を軸にして，前方が成人用，後方が子供用，さらに各区が男女（左側男子，右側女子）ごとに区画され，亡くなった順ごとに土葬の寝棺（伸展葬など）で埋葬されていた。しかも埋葬地は教会堂に集う信徒の中で亡くなった順ごとに決まっていき，性別・年齢差でさらに細かく区分されていた。そのため単婚小家族の親子といえども，埋葬された場所はバラバラであった。

　この瀬戸山墓地では，平地状の墓域内は年齢差と男女で 4 区画があるが，その区画は細い参道で分けられ，明確な壁で仕切ることはない。そのため墓域全体を囲む石壁は聖と俗の結界であると同時に，墓域全体が大家族を意識した構造を演出している。

　また，公営火葬場が整備されてくる昭和 40 年代以降になると，瀬戸山墓地でも単婚小家族（一家族，イエ）ごとにカロート式納骨墓が築かれてくる。ただ，仏教墓のカロート式墓と違って墓石のみが建塔されるだけで，単婚小家族（一家族，イエ）を意味する区画・石塀はない。

　布教期や潜伏期初期のキリシタン墓地は，そのほとんどが斜面地を削平するなどした平地状墓地であり，単婚小家族（一家族，イエ）を判別できる墓地ではない。明らかに信徒組織および教会堂に集う大家族を意識した墓地景観となっている。

図1　土手之元第1号墓碑（長崎県雲仙市）

ところで，五島での出来事として「1572年，イタリア人アレシャンドゥレ・ヴァラレッジオ師が日本からの帰途，インドより，ポルトガル人のイエズス会の司祭らにしたためた書簡」[9]の中で，宣教師が墓地の選定を行ったこと，墓地選定後は墓域を壁で囲い，墓地に大十字架を立て，諸聖人の祝日の日（11月1日）に墓地を祝福したことなどが記されている。とくにキリシタン墓地として「非常に適した地所」を選んだと書かれているが，この「非常に適した地所」とは「塀で囲み」の表現などから，おそらく平地状の土地であったあろうと考えられる。だから，その地所を神によって選ばれた聖なる土地とするために，塀で囲んで聖俗の結界をし大家族の墓地としたのである。また，クルザードは「担いで運ぶ」の表現から素材は木材だったと思われるが，墓地の選定や墓地を囲む壁（聖・俗の結界と大家族の区画），墓地の祝福（聖別），クルザードなど，ほぼすべての事項が約350年後に築かれた瀬戸山墓地のあり方と一致している。

また，下藤地区キリシタン墓地や垣内墓地などの布教期から潜伏期にかけての墓地でも大家族を意識した平地状の墓地景観がみられ，単婚小家族（一家族，イエ）ごとの区画割は確認できない。

近世において大家族制度から単婚小家族（一家族，イエ）に変化する時期は，地域差があるが概ね17世紀半ば以降である[10]。小農自立の進展や年貢制度，戸籍の記載法の変化がその背景にあるといわれているが，単婚小家族（一家族，イエ）が確立してくると，仏教墓地などではたとえ平地に墓地が形成されたとしても，各イエごとに明確な区画割をもった墓地が築かれてくる。この傾向は潜伏キリシタン墓地においても同じで，墓地の形成時期や地域，信徒組織の信仰の問題などと絡んで微妙に変化が見て取れる。

以上述べてきた特性以外にも，布教期の整形キリシタン墓碑についてはいくつか検討課題がある。例えば石材と建碑地の問題，中世石塔との関係，造立階層の問題などである。とくに造立階層の問題は重要で，キリシタン墓ならではの特性があると考えている。つまり，キリシタン墓の造立には，17世紀前期の早い段階から無姓者層（民衆）も含まれる可能性が高いということである[11]。この問題は，仏教墓との比較の中でさらに検討する必要があると考える。

2 潜伏期の粗形キリシタン墓碑とその特性
―肥前・大村藩の事例―

潜伏期のキリシタン墓は，寝棺（伸展葬など）を前提にした長墓であることはいうまでもない。地上標識の構造には，各地の石材の違いなどにより，板状蓋石付積石長墓や配石長墓（石組長墓）など数種類に分類できる。

また，潜伏キリシタン長墓の造立背景や造立時期，その後の存続や破壊などのあり方は各藩各領でもって様々である。とくに潜伏に至る経緯や築かれた時の宗教環境などは地域によって異なるため，画一的な解釈で位置づけることはできない。例えば，前述のとおり島原・天草一揆の舞台となった島原半島では，布教期の整形キリシタン墓碑は131基（全国の約68％）確認されるが，潜伏期のキリシタン墓となると現段階ではまったく確認できない。それだけ同じキリシタンといえど，地域によって事情が異なるのである。そのため，ここでは地域を肥前・大村藩域に限定して潜伏キリシタン墓の実態について概略する。

大村領（藩）は，キリシタン大名大村純忠の1574（天正2）年の領内の一斉改宗以降，全領民がキリシタンとなった全国でも稀有な地域である。当然，キリシタン一色の時代には中世来の神仏信仰は禁じられた。僧侶殺害をはじめ本尊仏やご神体の破壊，神社仏閣も焼却されたりキリシタン宗教施設に転用されるなど本来の宗教機能は停止した。藩内で神仏信仰が復活するのは1606（慶長11）年2月のキリシタン禁教後であり，そのシンボリックな寺院として大村家菩提寺の本経寺（日蓮宗）が1608（同13）年に創建された。

キリシタン禁教以降の潜伏期になると，地上標識はそれまでの整形キリシタン伏碑から基本的に粗形の板状蓋石付積石長墓や積石長墓へと変化する。ただ，その変化する時期は，キリシタン禁教対策が各藩各領でもって温度差があるために一様ではない。

肥前・大村藩では，1606（同11）年2月の禁教後も花十字紋や「CRVS」（クルス）などを刻んだキリシタン墓碑は1622（元和8）年まで確認され，その取り締まりは緩やかだった。1622（元和8）年銘墓碑とは「冨永二介妻」キリシタン墓碑（長崎県川棚町）であり，全国で唯一紀年銘をもった潜伏

図2 冨永二介妻キリシタン墓（長崎県川棚町）
上：全景　下：立碑拓本

図3 伊木力墓所出土のガラス玉59個
（長崎県諫早市）

期の配石長墓である（図2）。
　大村藩が本格的に禁教対策を実施したのは，1657（明暦3）年の郡崩れ以降である。このキリシ

タンの大量検挙事件は，幕藩体制を震撼させた島原・天草一揆から20年後の出来事であり，大村藩自体の存亡に関わる大事件であった。郡崩れ後の大村藩は，1658（同4）年から藩をあげてキリシタン弾圧策をとり，葬制つまり葬儀，葬送，埋葬（地下遺構），地上標識である墓石に関しても徹底した対策を講じた。監督役人の検使目付や横目に領内を巡見させて墓所を調べさせ，キリシタン長墓の破壊をはじめ葬儀の際の埋葬姿勢まで監視させている。
　ところで，布教期は整形された伏碑が基本であり，十字架などの意匠や洗礼名を刻むことでキリシタンの証しとした。潜伏期（禁教）に入ると，整形伏碑は基本的に建碑されなくなり板状蓋石付積石長墓や石組長墓が基本となるが，その墓石の様相から3段階に区分される。
　まず第1段階として，元和期の1620年代初頭までは「冨永二介妻」墓碑などのように板状蓋石の長墓に立碑が立てられる。立碑には，十字架紋や洗礼名，被葬者の実名も刻むことができた（図2下）。
　次の段階は1657（同3）年の郡崩れまでで，配石や積石の長墓が主流となるが十字架などのキリシタン意匠などは刻めない。ただ，一部に1653（承応2）年銘の整形板状伏碑（大村市田下墓碑）に仏教式の法名（「妙意」）を陰刻した事例があり，あえて銘を入れるとすれば仏教式の法名（戒名）を刻む程度となった[12]。この点は，外海の佐賀藩深堀領飛び地6カ村で確認される潜伏時代の板状蓋石付積石長墓や石組長墓がすべて無銘であり，禁教高札が撤去された1873（明治6）年以降になって十字架の意匠や洗礼名，被葬者名，西暦などが刻まれてくる事例に符合する。
　ところで，純忠・キリシタン時代からの上級家臣（在地給人含む）のうち潜伏キリシタンであった藩士の場合，地上標識は有耳五輪塔や自然石墓石などの仏塔を築きながら，その地下遺構にキリシタン聖具を埋納した事例が散見される。例えば，大村藩脇家老宇多（田）家の有耳五輪塔の地下から大型メダイが掘り出され，また旧大村藩域にある千々石ミゲル夫妻伊木力墓所でも半切のアルカリ性ガラス板やガラス玉59個（図3）などのキリシタン聖具が出土した[13]。宇多家や伊木力墓所の施主・千々石玄蕃はともに大村藩の上級家臣であり，1608（慶長13）年に創建された

大村家菩提寺本経寺の檀家であったと考えられる。そのため，地上標識は仏教形式の立石墓塔（有耳五輪塔や笠塔婆，自然石墓石など）を建塔せざるをえないという身分上の制約があった。ただし，郡崩れ以前は地下の墓壙まで検索が及ばなかったために，ご禁制のキリシタン聖具は地下の墓壙に埋納できたと考えられる。

第3段階は郡崩れ以降である。郡崩れ直後の1658（明暦4）年以降，大村藩は各村の横目に検索を厳しくさせ，キリシタン墓所を暴き，死骨があれば海中に捨てさせた。また「見聞集42」に「死人火葬ニ仕候事，切支丹宗旨之者嫌ひ申候由，依之火葬ニ仕候事，其様子見届させ申候事」[14]とあるように，キリシタンは火葬を嫌うから最後まで火葬にするかどうか見届けさせる徹底ぶりであった。また，「長墓改覺」として寝棺の地上施設である「長墓」，つまり横に伏せた長方形状のキリシタン墓石（伏碑）をキリシタン墓碑として徹底して破壊している[15]。

郡崩れを契機にした徹底したキリシタン長墓の破壊とその後の葬制に関する監視のために，郡崩れ以降はキリシタン関係遺構・遺物はほとんど確認できない。ただ，郡崩れ以前に築かれた長墓で監視を逃れた遺構が数例確認される。その代表的遺構が，1622（元和8）年銘「冨永二介妻」墓碑であり，無銘ではあるが1630年代に想定される「喜々津薩摩あんてれ」墓碑（長崎県東彼杵町）などである[16]。

また，郡崩れ以降も潜伏してキリシタン信仰を続けていた大村藩領外海南部の各村（牧野，上黒崎，大野など）では，坐棺を前提にした方形の仏教墓で統一されている。その代表的な潜伏キリシタンの墓地が尾崎墓地であり，すべて仏教式墓（積石方形墓。その上に整形立塔を立てる墓もある）に統一され，1658（明暦4，万治元）年に実施された長墓改めの影響を直に認めることができる[17]。

この尾崎墓地と対照的なのが，外海南部の佐賀藩深堀領飛び地6カ村（黒崎村，畝刈村，平村，永田村，賤津村，樫山村）の潜伏キリシタン墓地である。この6カ村では近世を通じて御禁制のキリシタン長墓（板状蓋石付積石長墓）が築かれており，全国でも極めて稀有な墓制が認められる（本誌84頁「肥前の潜伏キリシタン墓地」参照）。

註

1) 神田千里『島原の乱』中公新書，2005。「日本宗」については、「宇土町博労平作・十兵衛口上覚書」寛永14年11月5日（「御家中文通の内抜書」〔鶴田倉造 編『原史料で綴る天草島原の乱』0168〕）参照。

2) 「道家七郎右衛門口上の覚」寛永14年10月29日（「新撰御家譜」〔前掲註1『原史料で綴る天草島原の乱』0046〕）

3) 大石一久「外海の潜伏キリシタン墓—佐賀藩深堀領飛び地六カ村と大村藩領の潜伏キリシタン墓の比較—」『天地始まりの聖地—長崎外海の潜伏・かくれキリシタンの世界—』批評社，2018など

4) 前掲註3に同じ

5) 天草市立天草キリシタン館『キリシタン墓地調査報告書—熊本県天草市五和町御領所在の近世墓調査報告書』天草市文化財調査報告書7，2019

6) 大石一久 編『日本キリシタン墓碑総覧』南島原市教育委員会，2012

7) 松田毅一・川崎桃太 訳『フロイス日本史』4　五畿内篇II，p.325・同書9　西九州編I，pp.78・79など

8) 詳細は前掲註6。大石一久「キリシタン　受容と展開」『歴史考古学』71，歴史考古学研究会，2015など

9) 『十六・七世紀イエズス会日本報告集第III期第4巻』1998，p.167

10) 圭室文雄「肥後藩における浄土真宗の展開—16・17世紀を中心として—」『日本仏教』17，日本仏教研究会，1963

11) 前掲註8大石2015など

12) 前掲註6に同じ

13) 千々石ミゲル墓所発掘調査実行委員会『千々石ミゲル夫妻伊木力墓所　発掘調査（第1次−第3次）報告編　分析・考察編』2019。大石一久『天正遣欧使節千々石ミゲル　鬼の子と呼ばれた男』長崎文献社，2015など

14) 藤野　保・清水紘一 編『大村見聞集（見聞集42）』高科書店，1994，p.703

15) 大村市歴史資料館 蔵「彦右衛門文書」『「長墓改覚」戌九月廿日』

16) 大石一久「潜伏キリシタンとその墓制—とくに平戸市草積町の三界万霊塔とキリシタン長墓について—」〔2016−2021年度日本学術振興会科学研究費補助金基盤研究(B)報告書『覚醒する禁教期キリシタン文化』(16H03514)〕など

17) 前掲註3に同じ

近世墓の中のキリシタン墓

谷川章雄 TANIGAWA Akio

早稲田大学教授

キリシタン墓は，日本在来の近世墓のなかにどのように位置づけられるのか。伝播期（公認期）から潜伏期（禁教期）の変遷が具体的に見えてくる。

日本におけるキリスト教は，1549（天文18）年のフランシスコ・ザビエル来航に始まり，1587（天正15）年豊臣秀吉の伴天連追放令の規制を経て，1612（慶長17）年徳川家康の禁教令発布から1873（明治6）年キリシタン禁制高札の撤去までは禁教下にあった。

この16世紀後半から19世紀後葉に営まれたキリシタン墓は，日本墓制史上では近世墓が造営された時期と重なっており，キリシタン墓が日本在来の近世墓とどのような関係にあったかは重要な問題であろう。

本稿では，外来の宗教を背景にしたキリシタン墓が，在来の伝統的な近世墓の中にどのように位置づけられるかを考えてみることにしたい。

1 伝播期（公認期）のキリシタン墓

1549（天文18）年フランシスコ・ザビエル来航から1612（慶長17）年徳川家康の禁教令発布までの伝播期（公認期）のキリシタン墓の事例として，東京都東京駅八重洲北口遺跡[1]をとり上げる（図1）。

この遺跡からは，1590（天正18）年～1605（慶長10）年前後のキリシタン墓10基が発掘されている。いずれも土葬で，7基の埋葬姿勢が仰臥伸展葬であったことが確認された。木棺墓は4基あり，そのうち3基は長さ約160～170cm，幅約30～40cm

の木棺に壮年後半男子，壮年女性，成人が葬られており，成人の木棺の側板にはローマ十字の墨書があった。また，長さ56cm，幅38cmの長方形木棺には1歳前後の乳児が埋葬されていた。

土壙墓6基のうち，2基の人骨には布状の繊維の付着が認められた。7～8歳の小児を埋葬した土壙墓には，青銅製メダイ，木製・ガラス製のロザリオの珠が副葬されていた。人骨の形態から墓の被葬者はアジア人，中世人骨の特徴があるとされる。

こうしたキリシタン墓と江戸の在来の近世墓を比較してみたい。16世紀末から17世紀前半の日蓮宗，朗惶寺（ろうせいじ）の墓地にあたる東京都八丁堀三丁目遺跡[2]では，埋葬施設は円形木棺（早桶），長方形木棺，石組墓，竹籠棺，土壙墓（直葬墓・土葬），火葬蔵骨器，土壙墓（直葬墓・火葬）などであり，埋葬姿勢は座位屈葬および側臥屈葬などであった。ここでは長方形木棺，土壙墓というキリシタン墓と共通する埋葬施設が認められるが，伸展葬は存在しない。

八丁堀三丁目遺跡では副葬品は半数以上の埋葬施設から出土し，六道銭・数珠が多く見られたが，個人の持ち物を含む身分・階層，年齢，性別を反映したものは一般化していなかった。

このように，東京駅八重洲北口遺跡のキリシタ

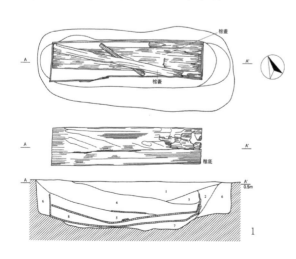
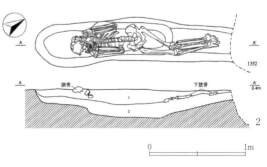

図1 東京駅八重洲北口遺跡のキリシタン墓（註1）
1：木棺墓 2：土壙墓

ン墓は，日蓮宗の朗惺寺の墓地にあたる八丁堀三丁目遺跡の在来の墓と比較して，埋葬姿勢が伸展葬であり，キリシタン遺物以外は副葬品をもたないという点で異質であった。

一方，キリシタン墓碑については，すでにキリシタン墓碑の「板碑形の立石」が近世墓標の「板碑の系統に属する光背形墓碑を襲用せるもの」と指摘されている[3]。この点をキリシタン墓碑の分類[4]を踏まえて検討してみると，立碑の尖頭形・圭頭形・円頭形・自然石形は，形態が近世墓標と類似している。

2 潜伏期（禁教期）のキリシタン墓

次に，1612（慶長17）年の徳川家康の禁教令発布から1873（明治6）年キリシタン禁制高札の撤去までの潜伏期（禁教期）のキリシタンの墓について考えてみたい。

岩手県奥州市二本木遺跡[5]の潜伏キリシタン墓（SK14墓）は，座棺の方形木棺墓であり，副葬品は銭貨である寛永通宝・仙台通宝（1784年初鋳），煙管，青銅製メダイ，ガラス製ロザリオの珠であった。座棺の方形木棺は江戸では18世紀中頃に一般化する在来の近世墓の埋葬施設であり，副葬品の銭貨や煙管は，江戸の近世墓にも見られるものである[6]。

副葬品の中に青銅製メダイ，ガラス製ロザリオの珠があることから，潜伏キリシタンの墓であることは明らかであるが，キリシタン遺物が副葬されていなければ，潜伏キリシタンの墓と判断することは難しいように思われる。

大石一久は，潜伏期のキリシタン墓に地域性があることを指摘した上で，長崎県平戸市草積集落の潜伏期のキリシタン墓が，貞享年間（1680年代）を境にしてキリシタン長墓から仏教式方形立石墓に転換していったことを明らかにしている。そして，1671（寛文11）年の三界萬霊塔，および宗門下目付役であった赤城家の1684（貞享元）年，1686（同3）年の笠塔婆形墓標の造立に仏教社会への転換の契機を見出している[7]。

こうしたキリシタン墓から在来の近世墓への転換は，潜伏期のキリシタン墓の様相を端的に示すものであろう。

3 切支丹屋敷に収容されたキリシタンの墓

潜伏期のキリシタン墓の事例として，切支丹屋敷に収容されたキリシタンの墓についてとり上げることにする。

切支丹屋敷は，禁教下の1646（正保3）年から1792（寛政4）年まで江戸の小日向にあった，キリシタンの宣教師，修道士，信者の収容施設である。渋谷葉子によれば，切支丹屋敷収容者で没年・葬地などがわかる者は次のとおりである[8]。

ジュゼッペ・キアラ（イエズス会バテレン）
　1685（貞享2）年没，小石川無量院（火葬）
南甫（イエズス会イルマン）
　1678（延宝6）年没，小石川無量院（火葬）
卜意（イエズス会同宿）
　1673（延宝元）年没，小石川無量院（火葬）
寿庵（イエズス会同宿）
　1697（元禄10）年没，小石川無量院
二官（イエズス会同宿）
　1700（元禄13）年没，小石川無量院
ジョヴァンニ・バッティスタ・シドティ[9]（教区司祭）
　1714（正徳4）年没，切支丹屋敷裏門脇
長助（下人）
　1714（正徳4）年没，切支丹屋敷
はる（下人）
　没年不詳，切支丹屋敷

この中で葬地が浄土宗の小石川無量院という仏教寺院であり，火葬に付されたのは，「死してもなお，キリシタンであったことを徹底的に否定された」[10]ことを示すものであろう。

上述のイエズス会バテレンのジュゼッペ・キアラは，シチリア島パレルモ生まれのイタリア人である。1643（寛永20）年，布教のために筑前国梶目大島に上陸し，捕えられて江戸に送られ，のちに切支丹屋敷に収容された。棄教して妻帯し，岡本三右衛門という徒の姓名と刀脇差が与えられ，御家人に位置づけられた。1685（貞享2）年に84歳で没する。

切支丹屋敷与力河原甚五兵衛の日記である『査祅余禄』には，「岡本三右衛門につき，無量院へ日本人のとおり石塔を建てるように命じられる」とあるが[11]，この岡本三右衛門（キアラ）の墓標は現存し，東京都調布市サレジオ神学院構内に移築されている[12]（図2）。

また，江戸時代後期の十方庵敬順が著した『遊歴雑記』の「切支丹宗岡本三衛門が墳墓」の項に「ラウマ人の墳墓」として，この墓標の絵が描かれている（図3）。この絵と現存する墓

標を比較すると，台石の形態は異なっているが，型式は笠塔婆であり，笠部は「南蛮笠（司祭帽）風」[13]という特異な形態である。これはイタリア人宣教師であった表徴として理解できるのではないだろうか。

笠塔婆は，一般に武家など高い格式の墓標に用いられる型式である[14]。また，墓標の高さは，『遊歴雑記』には「惣高さ四尺四寸」（約133.3cm）とあり，現存する墓標は160.7cmであるが，これは台石が替えられたためと思われる。いずれにしても，1831（天保2）年に百姓，町人の墓標の高さを4尺（121.3cm）までとする「葬式石碑院号居士等之儀ニ付御触書」が出されたように，この墓標は格式の高さを示している。

なお，岡本三右衛門（キアラ）の戒名は「入専浄真信士」であり，4字戒名と信士という位号は御家人にしてはやや低い印象を与える。

このように火葬されて小石川無量院に葬られたキリシタンと比べて，切支丹屋敷に埋葬されたシドティと下人の長助・はるは，対照的な扱いであったように見える。

幕府作事方大棟梁甲良家伝来資料である「小日向切支丹屋敷絵図」には，土手の上の竹柵（×印）で囲われた「切支丹廟所」が描かれている[15]（図4）。また，間宮士信の『小日向志』（1824〈文政7〉年成立）の「伴天連墓」の項には「印に榎を植えたが今は伐りはらわれてない」とある。柳田国男によれば，榎は日本の民俗において多様な宗教性を有する樹木であった[16]。

図2　現存する岡本三右衛門（キアラ）の墓標

図3　『遊歴雑記』の岡本三右衛門（キアラ）の墓標
（大島建彦ほか編『遊歴雑記』三弥井書店，1995）

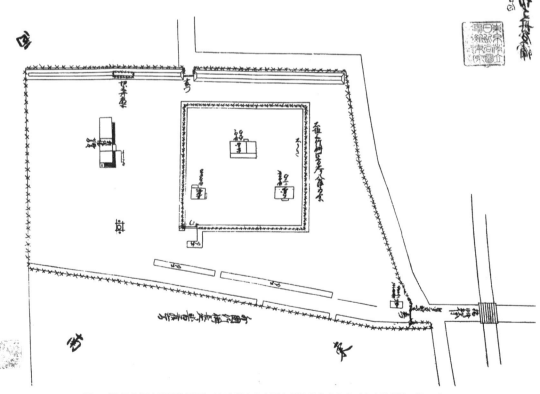

図4　「小日向切支丹屋敷絵図」（東京都立中央図書館特別文庫室蔵〔東京誌料〕）（註15）

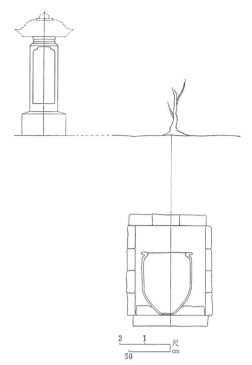

図5　12代将軍徳川家慶の側室見光院の墓 (註17)

　江戸の墓木の事例としては，東京都港区増上寺将軍家墓所の1843(天保14)年に没した12代将軍家慶の側室見光院の墓がある[17]（図5）。シドティの墓に榎を植えたのは，当時の習俗を背景としていたのである。

　以上のように，切支丹屋敷に収容されたキリシタンの墓の多くは，火葬されて小石川無量院に葬るという厳しい措置がとられたが，他方で岡本三右衛門(キアラ)の墓標やシドティの墓の榎には，墓の存在を後世に伝える意図が存在し，それが伝承化していった。

4　近世墓の様相

　ここでは，キリシタン墓が在来の伝統的な近世墓の中にどのように位置づけられるかを考えるために，近世墓の様相を列記することにしたい[18]。

　第一に，火葬から土葬へという葬法の転換があった。村落の墓では中世には火葬が主流であったが，16世紀後半頃から土葬が広がり始め，17世紀に多くは土葬になった。藤澤典彦は，土葬への転換について，中世に遺棄葬あるいはそれに近い土葬を行ってきた階層が，遺体を墓地に土葬するようになったと考えている[19]。一方，大坂では18世紀以降に土葬から火葬への移行が確認され

ており，江戸では，17世紀代には火葬の割合が比較的高い墓地と低い墓地があったが，18世紀以降になると火葬の占める割合が全体に低くなり，土葬が主体となる。火葬から土葬への転換は，地域性や階層性とも関わって複雑な様相を呈していた。

　第二に，座棺の普及がある。村落の墓では，近畿地方の円形木棺(早桶)・方形木棺などの座棺は中世後期に出現した。江戸では，16世紀末から座棺の円形木棺(早桶)や側臥屈葬などの長方形木棺が見られるが，長方形木棺は17世紀後葉までに姿を消し，17世紀後葉になって座棺の甕棺が出現する。座棺の普及の様相にも地域性が見られる。

　第三に，近世寺院の成立がある。竹田聴洲は，近世・近代に存在した浄土宗の寺院の過半が戦国時代末期から江戸時代初期，文亀～寛永年間(1501～1643)の1世紀半に成立し，とくにその後半，天正～寛永年間(1573～1643)の約70年間に集中することを指摘している[20]。こうした近世寺院がその後の檀家制度につながっていく。

　第四に，近世墓標の造立がある。近世墓標には地域性と斉一性がうかがわれる[21]。17世紀代の墓標には地域によって形態的特徴があったが，頭部がかまぼこ状を呈する櫛形が全国的な斉一性をもつ墓標として18世紀代に普及する。角柱形も19世紀に普及した斉一性を有する墓標であった。近世墓標の造立の背景には，仏教の土着化があったと考えられている。

　第五に，墓と家意識の問題がある[22]。上述の墓標への変遷のなかで，墓標に刻まれる被葬者の数が増加していった。その背景には，近世的な家を単位とした供養へという観念の変化を見ることができる。

　第六に，墓の階層性の問題がある。墓標の形態では，五輪塔・宝篋印塔などの塔形ものや笠塔婆は格式が高い。先述のように，百姓，町人の墓標の高さを4尺(121.3cm)までとし，院号・居士号をつけることを禁ずる御触書などが出されている。

　江戸の墓の埋葬施設では，石槨石室墓は将軍家の墓，石室墓は主に大名墓，木槨甕棺墓は高禄の旗本や藩士などの墓である。甕棺墓は低禄の旗本および藩士などの墓にあたる。方形木棺，円形木棺(早桶)は，御家人などの下級武士や町人の墓と考えられる[23]。

第七に，墓の副葬品に個人意識が反映していた。これは江戸などの都市において顕著であったと考えられる[24]。塚本学は，江戸時代を通じて次第に個人の持ち物が増えていき，とくにそうした意識が広がっていくのは江戸での影響が大きく，そのひとつとして墓の副葬品の中の個人の持ち物について注目している[25]。

5　近世墓の中のキリシタン墓

　上述のような近世墓の様相を念頭において考えると，伝播期(公認期)のキリシタン墓は，近世墓の範疇には含まれないものであった。キリシタン墓碑の尖頭形・圭頭形・円頭形・自然石形の立碑は近世墓標との関係を想定できるが，キリシタン遺物以外は副葬品をもたない伸展葬の墓は，近世墓に見られる座棺の普及，近世寺院の成立，墓と家意識，墓と個人意識などとは無縁であった。

　その後の潜伏期(禁教期)のキリシタン墓のあり方は地域によって多様であったが，キリシタン墓から在来の近世墓への転換という様相が認められた。すなわち，潜伏キリシタンの墓であることは，キリシタン長墓やキリシタン遺物の副葬品の存在が証明しているが，座棺の採用，近世寺院との関係，近世墓標の造立，墓と家意識，墓の階層性，副葬品に見られる個人意識など，近世墓の様相も明確にうかがわれるのである。

　切支丹屋敷に収容されたキリシタンの多くは，火葬されて仏教寺院に葬られることによって，キリシタンであったことは完全に否定されたが，他方でキリシタンの墓の存在を後世に伝える意図があり，それが伝承化していったことは興味深い。

　このように，伝播期(公認期)のキリシタン墓は在来の近世墓の範疇にはなかったが，潜伏期(禁教期)のキリシタン墓は，キリスト教が日本に土着していく過程を具体的に示すものであったといえよう。

註

1) 千代田区東京駅八重洲北口遺跡調査会『東京駅八重洲北口遺跡』2003
2) 八丁堀三丁目遺跡(第2次)調査会『八丁堀三丁目遺跡Ⅱ』2003
3) 新村　出・浜田耕作「京都及其付近発見の切支丹墓碑」『吉利支丹遺物の研究』京都帝国大学文学部考古学研究報告7，1926
4) 大石一久 編『日本キリシタン墓碑総覧』南島原市教育委員会，2012。大石一久「キリシタン墓碑研究のこれから」『戦国河内キリシタンの世界』批評社，2016
5) 奥州市埋蔵文化財センター『清水下遺跡・二本木遺跡』2015
6) 谷川章雄「江戸の墓の埋葬施設と副葬品」『墓と埋葬と江戸時代』吉川弘文館，2004
7) 大石一久「潜伏キリシタンとその墓制」『覚醒する禁教期キリシタン文化』〔2016‑2021年度日本学術振興会科学研究費補助金基盤研究(B)報告書〕長崎純心大学，2023
8) 渋谷葉子「『切支丹屋敷』の変遷―その土地利用を中心に―」『切支丹屋敷跡』〔遺構・遺物・自然科学分析(1)・考察編〕，2016
9) 表記は，マリオ・トルチヴィア(高祖敏明 監訳，北代美和子・筒井　砂 訳)『ジョヴァンニ・バッティスタ・シドティ』(教文館，2019)に拠った。
10) 前掲註8文献，p.168
11) 前掲註8文献，p.162
12) 今野春樹「東日本のキリシタン遺跡」『戦国河内キリシタンの世界』批評社，2016
13) 西　光三「文献史料にみる無量院跡の歴史的背景」『無量院跡』文京区教育委員会，2016
14) 谷川章雄「近世墓標の類型」『考古学ジャーナル』288，ニューサイエンス社，1988
15) 町田　聡「【資料紹介】『小日向切支丹屋敷絵図について』『文京区文化財年報』平成2(2017)年度，文京区教育委員会，2019
16) 柳田国男「神樹篇」1953(『定本　柳田国男集』11，筑摩書房，1963)
17) 鈴木　尚・矢島恭介・山辺知行『増上寺徳川将軍墓とその遺品・遺体』東京大学出版会，1967
18) 谷川章雄「近世の墓」『事典 墓の考古学』吉川弘文館，2013
19) 藤澤典彦「中世における火葬受容の背景」『墓と葬送の中世』高志書院，2007
20) 竹田聴洲『民俗仏教と祖先信仰』東京大学出版会，1971
21) 谷川章雄「近世墓標の類型」『考古学ジャーナル』288，ニューサイエンス社，1988
22) 谷川章雄「近世墓標の変遷と家意識」『史観』121，早稲田大学史学会，1989
23) 前掲註6に同じ
24) 同上
25) 塚本　学「江戸時代人の持ち物について」『特別展「江戸のくらし」＜近世考古学の世界＞記念講演会・座談会報告書』新宿区教育委員会，1993

文献資料にみるキリシタンの葬送儀礼と墓

森脇優紀　MORIWAKI Yuki
東京大学特任助教

キリシタンの葬儀や墓について，16・17世紀を中心に，重要かつ注目すべき史料を紹介する。今後も多角的な総合研究が求められる

本稿は，文献史学の立場から，キリシタンの葬送儀礼（葬儀）や墓に関する史料を可能な限り掲載・紹介することで，キリシタン墓研究の発展につなげることを目指すものである。これまで筆者は，とくにキリシタンの葬送儀礼（葬儀）を中心に研究してきた[1]。墓については，今回，墓や埋葬に着目して改めて史料に向き合うなかで，墓碑や墓地景観だけでなく墓地形成や埋葬のあり方などを含めて多角的な検証が必要だと感じた。そこで本稿では，対象時期を16・17世紀に設定し，葬儀については，これまでの成果を整理して適宜重要な史料を紹介し，墓については，墓碑や墓地景観に加えて今後注目すべき史料や事例を紹介する。

1　葬送儀礼

本節では，主としてイエズス会宣教師の書簡や記録類からキリシタンの葬儀の具体像を明らかにし，キリスト教の葬儀がいかに導入され，キリシタンの葬儀としてどのように確立していったのかを辿っていく。

(1)　宣教初期の葬儀

宣教初期のキリスト教の葬儀の最初期の例として，1554年の山口の事例がある。

> 聖コスモとダミアン［コスマスとダミアヌス］の［祝日］の前日，国主に仕えていたファイスメ（Faxissume）の義兄弟アンブロジオが亡くなった。男女合わせて200名以上の信徒が私とともに葬儀に臨んだ。私はスルプリ［短い白衣］とストラを纏い，またベルショールはスルプリを纏ってキリスト磔刑像を携えた。［死者の］家が遠く離れていたので，我らは町中を歩いた。帰りは高級な棺と昼間よりも明るく輝いた灯明を携えた。こうして私たちは，できる限り丁重に葬った。このことに彼の親戚と山口の多くの人々は感激し…[2]

　　　　　（［　］・下線は筆者補足・強調，以下同）

1555年の平戸の葬儀については，より詳細に記録されている。

亡くなった後には，多数のキリシタンが集まり，遺体を棺あるいは専用に所有している板製の箱に納める。その者が貧しくて棺を用意できない場合には，他者からの寄付を得る。［棺］を絹布で覆い，4人が運ぶ。スルプリを着用した1名のイルマンがキリストの磔刑像を掲げて前に進み，青年1名は聖水を持つ。1冊の書籍を携えた私が連祷（ラダイニャ）を先唱すると，キリシタンが「我らのために祈りたまえ」と応える。各自が火をともした多数の高張提灯を掲げる。これに対して異教徒たちは非常に得心し，キリスト教の教え以外に優れたものはないと言った。カーザを出る前に，私が留まって祈りとパーテル・ノステルを3回唱えると，キリシタンらも共に唱和する。また墓穴においても同様に，［遺体を］埋める前に祈る。翌日キリシタンらはカーザに集まり，墓碑を建てる。そして蝋燭を持って，上述の方法で［亡くなった者の］魂のために応唱し，パーテル・ノステルを唱える。[3]

戦国期の日本では，死穢の観念から貧しく身寄りがなければ葬儀もなく遺体が遺棄される慣習が残る一方で，人びとは魂の救いのために少しでも荘厳な葬儀を挙げ，丁重に埋葬されたいとの思いがあった。こうした時代にもたらされたキリスト教の荘厳な葬儀は，日本人にとって，自己の死や死者に対する想いを表現できるものとして受入れやすかったのであろう。また宣教師らにとっても，キリスト教の葬儀の導入は，日本人への宣教と改宗者を増やすために，有用でかつ重要な活動の一つとなった。

(2)　葬儀における信徒共同体（コンフラリア）の役割

こうした葬儀には，イエズス会の指導下で導入されたミゼリコルディアと呼ばれる俗人の信徒の自主運営による共同体（コンフラリア）も有効に機能した。日本においてコンフラリアは，宣教師不足の中で宣教活動と信徒を維持させるために各地で導入された。なかでもメンバーの臨終の世話は

コンフラリアの活動の一つであり，死者を丁重に葬ろうという当時の日本人の要望を満たすものであった。そのため宣教師らは，葬儀にもコンフラリアのシステムを導入することが効果的であると認識した。下記に示す豊後・府内の葬儀では，ミゼリコルディアが関与していることがわかる。

　　　貧しい者も富める者も全員，非常に立派に埋葬した。それは，ミゼリコルディアが貧者を支援するからである。まず，我々［ヨーロッパ］の方法にならい，［遺体を］白布で包み棺に納める。その棺には，白の十字架が縫い付けられた黒い絹布が掛けられる。［棺の］周りには燭台が置かれる。誰かが亡くなったことが教会に知らされると，［ミゼリコルディアの会員たちは］鐘を鳴らし，手の空いている信徒全員が集まる。彼らは慈悲の業［の実践］に心を傾けている。［中略］そこに到着すると，我々は，ポルトガル人も日本人も4・5名がスルプリを着用する。そこから遺体を運び出す前には，多くの場合，信徒と同様に参列の異教徒らに対しても，肉体と霊魂の死について説教をする。慣例の諸儀式を終えた後，前方に十字架を掲げ，自分たちは外に出て，棺が後ろに続く。そして［列の］中間で，墓穴［にたどり着く］まで連祷を一つ唱える。これにほぼ全員の信徒が唱和する。こうして我々は，以前に指定された市外の墓穴に向かい，そこに埋葬をする。［中略］墓地では，諸儀式に専念し，全員がパーテル・ノステルを3・4回唱える。[4]

「我々［ヨーロッパ］の方法にならい」とあるように，ヨーロッパの葬儀の慣習を導入していることがわかる。とくにミゼリコルディアの葬儀は，ポルトガルのもの[5]に基づいていた。ポルトガルのミゼリコルディアは，1498年のリスボンでの創設以降，国内各都市からゴアやマカオ，ブラジルなど植民地に拡大し，各地でリスボンをモデルに運営された。日本のミゼリコルディアもリスボンの規則を基に運営され，葬儀もそれに倣っていたと判断できる。

(3) 葬儀の定式化

こうして日本に導入された葬儀は，1579年に巡察師として来日したアレッサンドロ・ヴァリニャーノによって次第に定式化される。1581年ヴァリニャーノは「日本のカーザとレジデンシアの司祭全員が遵守すべき事項の要録」を作成し，

葬儀についても規定した。

17．葬儀は，その身分に応じて旗の数によってできる限り荘厳に行うこと。支障がなければ，司祭またはイルマンあるいはドウジュクが，できるだけ死者の家に遺体を引き取りに行くこと。

18．家から遺体を運び出す際，司祭はスルプリとストラ，あるいは領主の埋葬の場合であれば，マントを着用すること。そして，その他の役務者はスルプリを着用し，典礼書にある祈りを唱えること。埋葬する際にも，墓地で同様に行う。弔いをする者が［文字を］読めない場合には，主の祈りを3回，アヴェ・マリアを3回と，前述の［典礼書にある］祈りを1つ唱えること。死者の相続人が旗を作り，埋葬のためにできる限りより多く出費するように努めること。修道院からは，大燭台の蝋燭と死者に掛ける布以外は持参しないこと。そして，その他の者は無帽で行き，参列者は一般信徒であってもスルプリを持参すること。[6]

使用する旗については，仏式の葬儀用として戦国期に発達した幡を意識したと考えられる。当初から宣教師らは日本の葬儀にも注意を払っており，ヴァリニャーノ来日以前から日本的要素を葬儀に取り入れるようになっていた[7]。そしてヴァリニャーノのこの規定を機に，キリスト教の葬儀は日本の文化に適応したキリシタンの葬儀として定式化されていった。

さらにヴァリニャーノは，1592年に宣教師らの遵守事項として『服務規程』を作成した。そのうち第23章「葬儀と埋葬における勤めについて」は，一般信徒の葬儀に対する規定である。日本の習慣への適応から，できる限り葬儀を厳粛にすることが強調され，死亡者発生の通知・遺体の引き取り・墓地までの葬列・墓地での祈りなど一連の儀礼について，さらに葬列の順序・唱えるべき祈り・旗などの道具や祭服に至るまで詳細に規定されている[8]。その後，『服務規程』は，1612年にフランチェスコ・パシオによって改訂された[9]。

このようにキリスト教の葬儀は，日本的要素を導入したキリシタンの葬儀として確立していったが，1612年以降，禁教・迫害が本格化していくと，上記の規則を基にした葬儀は困難となっていった。その結果，葬儀は信徒の集落の中から民間の指導者として成長した看坊のもと，コンフラリアのみで行うようになっていたと考えられる。司祭不在

の中，キリシタンの葬儀は，コンフラリア主導で引き継がれていくうちに，次第に独自の展開を遂げるのである[10]。

2 墓

本節では，イエズス会宣教師の書簡や記録類を用いて，墓碑形態や墓地景観に加えて，墓地形成や埋葬のあり方など多角的な視点から注目すべき史料を掲載・紹介する。

(1) 墓地形成―墓地の確保―

キリシタン墓に関する最初期の記録は1554年の書簡の中に確認でき，キリシタンによる墓地の確保の様子が伝えられている。そこには「[信徒らは]司祭とともに，非常に広い私たちの土地の一区画に信徒らを埋葬することを取り決め，これにより非常に美しい墓を設けた。」[11]とあり，場所は山口と解釈されている。

その後，平戸では，1555年に松浦隆信が埋葬可能な土地を与え[12]，豊後では，1557年に大友義鎮が埋葬のための区画と病院の区画を備えた土地を与えている[13]。ただし1561年の豊後の墓地については，「昔から決められている市外の墓地まで行き，そこに埋葬する。なぜなら，この豊後には，平戸や山口のように信徒のために画定された墓地を，我々は未だに所有していないからである。」[14]とあり，1557年の土地は，信徒専用ではなく病院のための墓地であったと考えられる。当地のキリシタンは，1561年以降も専用の墓地がないために宗教の区別のない共同墓地と思われる「昔から決められた市外の墓地」を埋葬地として利用していた可能性がある。

また，専用の墓地がないために，信徒が自身の屋敷内に死者を埋葬した事例も見られる。1565年の島原の記録には，「信徒らが埋葬のための土地に大変窮乏しており，そのことで死者を家の庭に埋葬せざるを得ない」[15]とある。日本には，自身の家の敷地内に家族の墓を設ける屋敷墓の慣行があるものの，キリシタンにとって，自身の屋敷内に埋葬することは，あくまでも専用墓地がないことへのやむを得ない対処であった。ここにキリシタンの墓地への強いこだわりが見出せる。

(2) 墓碑形態・墓地景観

墓碑形態や墓地景観に関する史料は，多くがすでに分析・考察されている可能性が高いため，本節では，詳細に記録されている2点のみ紹介する。1565年の島原の貴人の墓地については次のよう

に記されている。

　[信徒らは]石で墓碑を造った。それはとてもよい仕上がりで，高さは1コヴァド[66cm]あり，上部には十字架がついている。墓碑の周囲から1ブラサ[2.2m]離れた所には木柱で囲まれた柵があり，非常に優れた職人によって作られた。墓は中央に位置しており，およそ5ブラサの道と，墓に入るための門を構えた柵があり，この門の上には別の十字架が立っている。[中略]この場所はほとんど教会と同じように，祈りを捧げに来る信徒が絶えない。なぜなら，彼らは教会(見事な建物で，まさにその死者が与えたものである)で祈りを終えると，彼[死者]が遺した庭にある[我々の]カーザの裏にあるその墓へ赴くからである。」[16]

また墓碑については，「善良なる老人[アンタン]は[中略]立派な石にはイエスの名を，十字架には娘パウラの名と我らの主キリストの紀元一五七〇年を金文字で彫るように命じた。」[17]といった記録が残されている。

(3) 改葬―遺骨に対する思い―

本項と次項では，これまであまり着目されてこなかった改葬や墓地以外での埋葬など，埋葬のあり方に関わる史料を紹介する。1591・92年度のイエズス会年報には，豊後の殉教者の遺骨を改葬したことが記録されている。

　聖なる殉教者ジョランの遺骨と遺物を下の地方にもたらすよう取計らい給うた。[中略]彼が埋められた地(点)は明瞭で，そこからかの[豊後の]キリシタンたちのもとから神学校へ運ばれたのであった。そして遺骸は栄誉を示して立派な棺に納められ，[中略]祝日の朝には巡察師がミサを捧げ，聖なる遺骸は我らと神学生たちの行列をもって運ばれた。一同は白衣の祭服を纏い，手には蝋燭の火をともし，詩編を歌った。それから遺骸は，そのために設けた立派に作られた場所に安置された。[18]

神学校に運ばれたとあることから，イエズス会の教会などの関連施設の近くに埋葬されたと推察される。この当時は，1587年の伴天連追放令により宣教師らは下地区にて宣教活動を縮小することを余儀なくされていた。そのため，宣教師や信徒らは，殉教者の遺骨だけでも，イエズス会の目の届く場所に埋葬しようと努めたのではないだろうか。

1601年度のイエズス会年報には，長崎(立山)で

の新墓地の造営に伴い，旧墓地の遺骨を新墓地に移したとある。

　　　良く墓参りに訪れ，墓前で死者の霊魂のために祈る習慣がある日本人には新しい墓地が出来て，それは更に強くなるであろう。当コレジヨの院長によって設計され，今から数日後に荘厳な行列を作って旧墓地の遺骨を新墓地へ移すことになっている。信者にとってこれも慰めになるであろう。町から墓地へ，又墓地から聖母の小聖堂まで行く道は，新しく舗装され，きれいな良い道となった。[19]

以上の改葬の事例からは，当時の宣教師やキリシタンの，かつての死者や遺骨に対する精神性が読み取れる。

(4) 墓地以外での埋葬―教会の祭壇の下に―

最後に，教会の祭壇の下に埋葬した稀な事例を紹介する。1609・10年度イエズス会年報に，次のように記されている。

　　　我ら同僚の埋葬所から三名の栄ある殉教者南ジュアン（五郎左衛門），渡辺ジョウチンの遺体が我らの教会の聖室の主祭壇の下へ移され納められたが，そこにはすでに三名の殉教者ミゲル，ジョアン，トメ（の遺骸）が納められていた。[20]

教会の祭壇の下への埋葬はヨーロッパの習慣の一つであり，殉教者のみを対象に行われた可能性が高い。しかし，禁教・迫害が本格化しつつある当時，ヨーロッパ式に教会の祭壇の下に埋葬したことは興味深い。

3　おわりに

本稿では，キリシタンの葬儀や墓について，重要かつ注目すべきと思われる史料をできる限り掲載・紹介することに努めてきたが，紙幅の関係から十分に紹介できなかった史料も多い。とくに墓については，今後も史料の抽出を継続しつつ，今回紹介した改葬などの事例も含めて分析・考察を深めていくことを今後の課題としたい。

註

1)　拙稿「キリシタンの葬儀の淵源―ポルトガルのミゼリコルディアにおける葬儀」『上智史学』58，2013，pp.92-127。同「キリスト教葬儀の導入と日本的展開―」『キリスト教史学』68，2014，pp.130-152。同「キリスト教宣教期における崎津のキリシタンの葬送儀礼」・「キリスト教禁教期における崎津のキリシタンの葬送儀礼」『﨑津・今富集落調査報告書Ⅱ～葬送儀礼編～』2017，pp.9-40

2)　1554年10月付，山口発信，豊後のイエズス会会員宛，コスメ・デ・トルレス書簡。*Docmentos del Japon 1547-1557(DJ I)*，p.460；*Japonica-Sinica*（*Jap.Sin.*）4, f.44v

3)　1555年9月23日付，平戸発信，インドとポルトガルの会員宛，バルタザール・ガーゴ書簡。*DJ I* , p.559

4)　1561年10月8日付，豊後府内発信，アントニオ・クアドロス宛，フアン・フェルナンデス書簡。*DJ, 1558-1562(DJ II)*，pp.430-431；*Jap.Sin.*4, ff.213v-214

5)　拙稿「1516年のリスボンのミゼリコルディアの規則」『研究キリシタン学』13，2011，pp.93-133。前掲註1拙稿2013に同じ。

6)　*Jap.Sin.*49, f.250

7)　1565年の都（みやこ）の結城左衛門尉の葬儀がある。また死者を納めるための龕（がん）も使用したと考えられる。Luís Fróis, *Historia de Japam*, II, Lisboa: Biblioteca Nacional de Portugal, 1981, pp.336-337

8)　*Jap. Sin. 2*, ff.145v-146。前掲註1拙稿2014，pp.143-146

9)　Biblioteca da Ajuda, Cod 49-IV-56, ff.168-168v。前掲註1拙稿2014，pp.146-147

10)　禁教令発令から解除されるまでの葬儀については，前掲註1拙稿2017，pp.27-40を参照。

11)　1554年3月付，ゴア発信，ポルトガルの会員宛，ペドロ・デ・アルカソヴァ書簡。*DJ I*, pp.422-423，p.423のnote72

12)　1555年9月23日付，平戸発信，イグナチオ・デ・ロヨラとその他会員宛，バルタザール・ガーゴ書簡。*D J I*, p.550；*Jap.Sin.*4, f.62

13)　1557年11月付，府内発信，イグナチオ・デ・ロヨラとアントニオ・デ・クアドロス宛，コスメ・デ・トルレス書簡。*D J I*, p.737；*Jap.Sin.*4, f.73

14)　1561年10月8日付，豊後府内発信，アントニオ・クアドロス宛，フアン・フェルナンデス書簡。*D J II*, p.431；*Jap.Sin.*4, f.214

15)　1565年10月25日付，福田発信，会員宛，ルイス・デ・アルメイダ書簡。*Carta que os padres e irmãos da Companhia de Jesuss...I,* (*Cartas I*), f.170v

16)　前掲註15と同書簡。*Cartas I,* f.171

17)　1571年3月20日付，都発信，ゴアの学院長宛，ルイス・フロイス書簡。*Cartas I,* f.308v

18)　1592年10月1日付，長崎発信，ルイス・フロイス1591・92年度年報。『十六・七世紀イエズス会日本報告集』（『報告集』）I-1，同朋舎，1987，pp.316-317

19)　純心女子短期大学長崎地方文化史研究所 編『長崎のコレジヨ』純心女子短期大学，1985，pp.42-43

20)　ジョアン・ロドリゲス・ジランの1609・10年度年報の「有馬の学院と神学校」。『報告集』II-1，1990，p.124

キリシタン墓と墓地

近年の発掘調査されたキリシタン墓と墓地についての成果を一望する

千々石ミゲル夫妻墓所／宣教師シドティの墓／千提寺キリシタン墓地／下藤キリシタン墓地／高槻城キリシタン墓地の再検討／キリシタン墓の副葬品

千々石ミゲル夫妻墓所

長崎県伊木力に所在する墓所は，千々石ミゲル夫妻の墓所であるのか，いつごろどのような経緯や形式で葬られたのか，ミゲルは信仰を保持していたのか。発掘調査により，多くの成果が得られた

大石一久 OISHI Kazuhisa　田中裕介 TANAKA Yusuke
元・長崎歴史文化博物館　　　　別府大学教授

　2014（平成26）年から2021（令和3）年にかけて4次にわたって行われた，長崎県諫早市多良見町伊木力に所在する千々石ミゲル夫妻墓所推定地の発掘調査の結果を報告する。本稿は，現在準備中の発掘調査報告書をもとに構成したものである。まず被葬者と考えるミゲルの生涯をたどり，その謎と墓のかかわりをのべ，発掘調査の成果をまとめる。

　千々石ミゲルの生涯　ミゲルは，1569（永禄12）年ころに釜蓋城の城主・千々石直員の子として，現在の長崎県雲仙市千々石町で誕生した。1580（天正8）年に設立された有馬セミナリヨの一期生として入学した後，有馬・大村両キリシタン大名の近親として，イエズス会東アジア巡察使アレッシャンドレ・ヴァリニャーノの計画したいわゆる天正遣欧使節の4名の一人として副使の立場で一行に加わり，アジア・ヨーロッパ各地をおとずれローマ教皇に謁見して帰国したことで知られる。1582（天正10）から1590（天正18）年に及ぶ旅であった。しかし，その後の生涯はあまり知られていない。帰国後の4人は聖職への道をたどりいずれもイエズス会に入会したが，ひとり千々石ミゲルのみは1601（慶長6）年頃にイエズス会を脱会して還俗し「千々石清左衛門」を名乗り，キリシタン大

名であった大村喜前に600石で仕え，以下にのべる墓所の所在する伊木力村他を知行した。1606（慶長11）年に大村喜前棄教により大村藩はキリスト教禁教に転じ，ミゲルも棄教したと言われ，あまつさえ背教者の汚名が投げかけられることもあった。しかし禁教と同時にミゲルは大村藩を離れて，有馬晴信のもとにうつり，その有馬家が島原を改易された1612（慶長17）年以後は長崎に居住して1622（元和8）年ごろまで存命であったと伝えるが，その後の記録はない。棄教したとされるが，そのつど逃げていった土地がキリスト教の中心地であったことを考えれば，ミゲルは棄教していなかったのではないか[1]と考えられる。

1　調査に至る経緯と研究史

　墓石の発見とミゲル墓所説の提起　はじまりはある墓石の再評価である。丘陵斜面に孤立して位置するその墓石は高さ180cm以上，幅120cmの巨大な自然石墓石である（図1）。地元では背面に刻まれた「千々石玄蕃允」という銘をもとに，「玄蕃さんの墓」と呼ばれてきた。この墓石を再評価し，天正遣欧使節の副使であった千々石ミゲルの墓石ではないかという新説を展開したのは，筆者の一人大石であった。墓石の形態が17世紀の墓石と

図1　調査前の伊木力墓碑

して矛盾のないことを確認して2003（平成15）年以来調査を進め，さらに銘文の読解，史料の解釈から，正面に刻まれた「妙法　寛永九年壬申年十二月　自性院妙信霊　十二日　本住院常安霊　十四日」は千々石玄蕃の父母すなわち千々石ミゲル夫妻銘である可能性が極めて高いことを主張した[2]。

この研究の過程で，ミゲルが還俗して大村氏に仕えたころの知行地が伊木力村にあったこと。墓石に名を刻む千々石玄蕃は，ミゲルの四男ながら嫡子として，追放されたミゲルの後千々石家を中興し，大村家庶家から妻を迎えて大村の本城玖島城二の丸に居住し，その長女は大村家家老の浅田家に嫁いだことが明らかとなった。浅田家の系図および位牌の中に，素性不詳として墓石に刻まれている戒名と同じ自性院妙信と本住院常安の記述が存在すること，墓石の立っている地所が現在まで家老家の浅田家の所有地になっていることなどが明かされた。また戦前までこの墓の供養が浅田家の菩提寺である自證寺によって行われていたことが判明し，この墓の被葬者は玄蕃夫妻か，その父ミゲル夫妻のいずれかに絞られた。そして銘文の解釈，墓所がミゲルゆかりの地であること，浅田家にとって玄蕃の実名を秘匿する必要はないが，千々石清左衛門は大村藩への反逆者として追放されていることから実名をもって供養することがはばかられたことなどから，この墓石は千々石ミゲルとその妻のものと考えられた。浅田家所有の地籍からみて墓石が動いていない可能性が高いことから埋葬施設が残されている可能性があり，千々石ミゲルの墓である確証をもとめて発掘調査

が計画された。

調査の目的は，第1に千々石ミゲル夫妻の墓所であることを考古学的に確証すること，第2にキリシタン的な埋葬が行われているか否か，第3に1633（寛永9）年の上級武士身分の墓所の下部構造の解明などであった。

2　ミゲル墓所の所在地

位置と立地（図2）　墓所は，長崎県諫早市多良見町伊木力字山川内の，大村湾に面した伊木力の谷合に所在する。この場所は江戸時代には大村藩領伊木力村で，還俗した千々石ミゲルこと清左衛門が，大村喜前から与えられた知行地600石の一つである。この地域は外海地区とならび17世紀にキリスト教徒が多かった地域で，1657（明暦3）

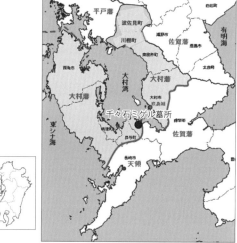

図2　千々石ミゲル墓所の位置

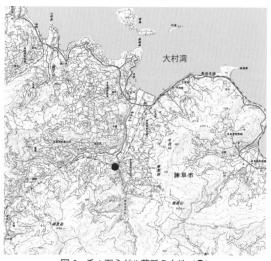

図3　千々石ミゲル墓所の立地（●）

年の「郡崩れ」と呼ぶ潜伏キリシタン露顕事件の際に、大村藩による「長墓改め」と呼ばれるキリシタン墓地捜査摘発の対象になった地域に含まれる。墓所が営まれた1633（寛永9）年前後は、伊木力村には多数の潜伏キリシタンがいたと推定されている。

墓所は山川内の谷の入口に近い丘陵斜面に位置し（図3）、墓所の下の住宅から比高5mほどの丘陵斜面を断面L字形に造成して作られている。そこからは伊木力の海岸が見え、目を上げると丁度大村の城下がみえる位置に当たる。

3 墓所の遺構 （図4・5）

明治時代に建設された方形石組基壇と瓦葺の堂舎に墓石は納められていたが、調査をはじめたときには堂舎はなくなり基壇は埋没していた。昭和40年ごろの崖崩れによって倒壊埋没したものである。墓石を移動して基壇の石材を取り除くと、大ぶりの礫を積み重ねた集石遺構があらわれた。墓石そのものは江戸時代のあいだに何度も倒れ、再建を繰り返していたことが判明したが、幸運にも当初の姿を復元できる痕跡として、最初の墓石の掘方や整地層、さらに地鎮に関わると推定される遺構、そして2基の墓壙と埋葬施設を発見し、以上の遺構と堆積土層の切り合い関係を把握することができた。

なお南側に隣接して同じ造成面に、「従者の墓」と呼ばれる自然石立碑形の墓石2基と、長方形の集石をもつ小型の墓地が存在するほか、2022年度の諫早市教育委員会による北側隣接地の確認調査では、さらに3基の集石遺構をともなう墓が見つかっている[3]。

墓石（図4）　高さ2.5m、最大幅1.2m、最大厚さ0.27m、重さ2t強と推定される巨大な自然石立碑である。石材は安山岩で、背後の山塊から採集されたと推定される。「妙法」「自性院妙信霊」「十二日」「寛永九申年十二月」「本住院常安霊」「十四日」と正面に、背面に「千々石玄蕃允」と刻まれている。戒名の特徴から日蓮宗によるもので、この墓を供養していた自證寺の宗旨と一致している。基部が狭く細くなっているので、かなり不安定な石材である。そのために転倒が繰り返されたと推定される。

集石遺構（図5）　2基の墓壙の上に南北に伸び

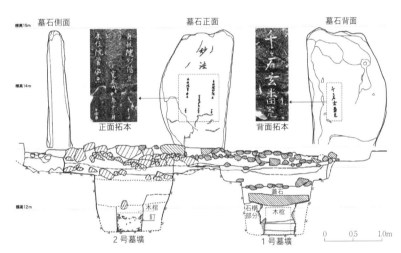

図4　墓石の立面と墓所の横断土層図

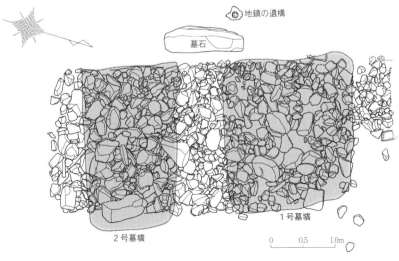

図5　集石遺構と墓壙・墓石の復元図

る長方形の集石遺構が覆っている。南北約4.7m,
東西約2.4mをはかる。高さは安定していないが
20〜30cmの低い台形である。集石遺構は墓石と
並んで,長く地上に露出し,子孫の供養の直接の
目印になる施設であるから,2名の墓の一体性が
みてとれる。

集石遺構の中央部直上に貼り付くように,寛
永通宝が1点ずつ計2点発見されている。1636
(寛永13)年初鋳の「古寛永」と1697(元禄10)年
初鋳の「新寛永」である。墓所完成後,集石遺

構が長らく露出し,継続的に供養されていたこ
とがわかる。

1号墓壙(図6)　2.3×2.0m,深さ1.1mの墓壙
の内部は二段掘りで,30cm下に1.7×1.2mの2
次墓壙があった。内部には1.0×0.5×0.5mの
長持(図7)が棺に転用され,周囲を人頭大の礫で
埋め板石3枚を蓋にした礫槨状施設が構築されて
いた。この長持には錠前がかかった状態であった
(図8)。内部からは西頭位の側臥屈肢と推定され
る成人女性の人骨片と,胸部付近からキリシタン
の聖牌と考えられるガラス板[4]とロザリオの部品
であると考えられるガラス玉が出土し(図9),六
道銭や食器の破砕などの仏教思想と関わる痕跡は
なく,被葬者の女性はキリシタンであったと考え

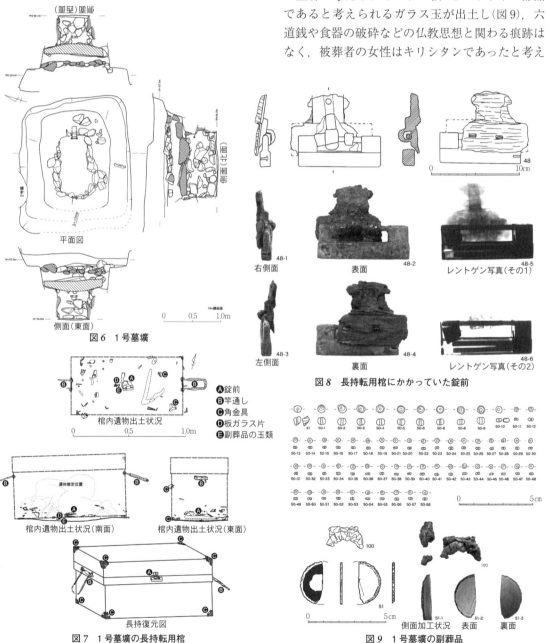

図6　1号墓壙

図7　1号墓壙の長持転用棺

図8　長持転用棺にかかっていた錠前

図9　1号墓壙の副葬品

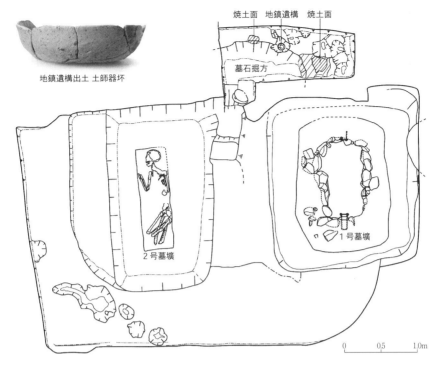

地鎮遺構出土 土師器坏

焼土面　地鎮遺構　焼土面

墓石掘方

2号墓壙

1号墓壙

図10　2号墓壙および1号墓壙と墓石掘方・地鎮遺構

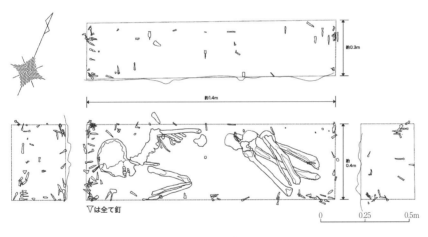

約0.3m

約1.4m

約0.4m

▽は全て釘

図11　2号墓壙木棺

られ，信仰具は彼女の身に着けていたものと推定される。

2号墓壙（図10）　1号墓壙の南側に同一方向に墓壙を設け木棺を直葬している。墓壙は 2.45 × 1.95m，深さ 1.05m で，南側のみ二段掘りになっている。2次墓壙は 2.45 × 1.4m で，釘付けされた 1.4 × 0.4m × 深さ 0.45m の長方形木棺（図11）が発見され，内部からは西頭位の側臥屈肢の成人男性の人骨を得たが，副葬品は皆無であった。副

葬品が皆無なのは，副葬品を偶像崇拝として忌避するキリシタンの習俗と共通する。

4　墓所の造成と地鎮・墓碑の建立

　2基の墓壙と墓石の掘方には，直接の切り合い関係はなかったが，それぞれに関わる整地層の存在と，それとの関係を墓石掘方断面層序と，集石遺構除去後の底面層序を検討することで復元することができた。そこから，以下のような墓所の造

成過程が復元された

墓所の造成と「地鎮」 墓所を作るために，まず急な斜面をかなり大規模に墓所として造成している状況がみてとれる。造成の手順と経過は平坦面を土工で造成し，地ならしを行って地鎮と推定される祭祀行為（火を焚き，土師器皿を埋納）を行い（図10），その後まず墓石を立てて，ふたたび大規模に整地してから，2基の棺を別個に埋葬し，その後双方の墓壙の上に共通の集石遺構で覆って完成している。

墓石の建立位置と建立過程 検出された墓石掘方から考えられるのは，墓石を埋葬施設の真上に建てる発想ははじめからなく，墓壙の背後に墓石を立てていること。1号墓2号墓に別々に墓石を作らずに，1基の墓石で夫婦2名の墓としていることである。そのため墓石の建立位置も，1号墓壙と2号墓壙と墓石掘方が切り合うことなく，その中間となる位置で墓壙の背後＝西奥になる位置が選ばれている。両墓壙を覆う集石遺構を正面に置いてみると，墓石はその中心奥に位置することになる。層序の検討により墓石掘方は「地鎮」のあと墓壙掘削以前に掘削されている。さらに墓石掘方は上部整地層で固められているので，まず墓石を建立し，その後1号墓壙と2号墓壙が掘られたことは明瞭である。

5 まとめ

調査の結果，伝統的な土師器小皿を埋納する地鎮儀礼が行われた墓所の造成ののち，キリシタンと考えられる夫婦（＝千々石ミゲル夫妻）が中世以来の伝統的側臥屈肢の姿勢で葬られ，仏教的戒名を刻んだ自然石墓石をたてた墓所が1633（寛永9末）年頃に作られたことが判明した。

墓所は夫妻の2基の墓を並べ，周囲に従者と縁者の墓が加えたと推定される。ミゲル墓所被葬者夫婦とその関係者のみで，そのご継承者の歴代の墓地として使われることはなかった。

1号墓壙の成人女性被葬者は単体で，信仰具を副葬するところからキリシタンと推定される。しかし，棺は長持を転用し錠をかけるという当時の何らかの民間習俗に従って埋葬している。その理由はいまのところ不明である。2号墓は1号墓と被葬者の頭位，埋葬姿勢などは一致するが，埋葬施設はまったく異なり長方形木棺への直葬であり副葬品もない。両者の埋葬に共通するのは，納棺時と埋葬時の仏教的儀礼の欠如である。この時期の上層武士の埋葬であれば普遍的にみられる六道銭や碗皿などの容器，あるいは短刀などの副葬は認められない。しかし墓石には日蓮宗の戒名を刻み千々石家が仏教に帰依していることを示すものである。身近な家族の目にしか触れない納棺の際には，被葬者の信仰を尊重してキリシタンとして信仰具を副葬し，葬式やその後の供養の際の棺の選択，埋葬施設，地上の集石遺構の規模や形態，さらに墓碑の様式と文字など総じて広く衆目にさらされる要素においては，当時の習俗と身分相応の儀礼にしたがい，供養は仏式で行っていると考えられる。出土遺物全体からみて1633（寛永9）年12月という墓碑の死亡年月日と矛盾する出土資料はなく，墓所は戒名に書かれた「本住院常安」と「自性院妙信」夫婦の墓地と断定できる。

この2名は，関連する史料からみて千々石ミゲル夫妻の墓所と判断してよいと考える。また1614（慶長19）年禁教令以後，1637（寛永14）年島原・天草一揆勃発以前の，いわゆる潜伏状態のキリシタンの墓地の内容が，1633（寛永9）年という特定の年代と千々石清左衛門という特定の個人をともなって判明した例として極めて貴重なものと考えられる。

註

1) 大石一久『千々石ミゲル―鬼の子と呼ばれた男―』長崎文献社，2015

2) 大石一久「「千々石玄蕃」建塔墓石とその被葬者・被供養者について」『日引』5，石造物研究会，2004
   大石一久『千々石ミゲルの墓石発見』長崎文献社，2005

3) 諫早市教育委員会教示。

4) 後藤晃一「千々石ミゲル夫妻伊木力墓所1号墓出土の遺物」『千々石ミゲル夫妻伊木力墓所発掘調査（第1次-第3次）報告書 分析考察編』同墓所発掘調査実行委員会，2019，pp.25-33

引用・参考文献

千々石ミゲル墓所発掘調査実行委員会『千々石ミゲル夫妻伊木力墓所パンフレット』2018

千々石ミゲル墓所発掘調査実行委員会『千々石ミゲル夫妻伊木力墓所発掘調査（第1次-第3次）報告書』2019

千々石ミゲル墓所調査プロジェクト『千々石ミゲル夫妻伊木力墓所第1次-第4次発掘調査パンフレット』2022

宣教師シドティの墓

池田悦夫　IKEDA Etsuo
高崎経済大学非常勤講師

切支丹屋敷跡出土のイタリア人人骨は，宣教師シドティなのか。発掘調査の成果に，文献調査や自然科学分析も加えて解明する

　これまで，宣教師シドティ（Sidoti）の名称の表記と呼称は，シドッチ（Sidotti）が一般的に用いられてきた。しかしながら，本来，名称の表記は「Sidoti」であり呼称は「シドティ」であるため，ここでは，シドティ（Sidoti）を用いたい。シドティ（Sidoti）の名称表記については，後述する報告書で，シドティ（Sidoti）の名称の表記と呼称については，2016（平成28）年度キリシタン文化講演会[1]や聖心女子学園の講座[2]などでも発表したが，ここでは，紙面の都合により詳しくは別の機会に譲ることとする。

　イタリア南部シチリア島パレルモ生まれのジョヴァンニ・バッティスタ・シドティは，1708年，日本の屋久島に上陸したが，ほどなく囚われの身となり，長崎を経由して江戸小日向の切支丹屋敷に収容された。このシドティは，江戸時代，禁教下の日本に来た最後の宣教師と言われている。西洋に目を向ける端緒となった『西洋紀聞』や『采覧異言』は，新井白石が宣教師シドティを喚問した内容をまとめた書籍として知られている。

　ところで，［遺構・遺物・自然科学分析(1)・考察編］[3]と［保存処理・自然科学分析(2)編］[4]の2冊からなる報告書『東京都文京区切支丹屋敷跡』は，2016年に刊行された（以下，「報告書」という）。遺跡名は文京区小日向一丁目東遺跡であり，住所は東京都文京区小日向一丁目である。

　切支丹屋敷跡の一画にあたる本遺跡から3基の墓が出土したが，そのうちの1基の遺骨は，イタリア人のものであることが自然科学分析の結果，明らかにされた。

　後述するが，文献史料によれば，宣教師シドティと下人である長助・はる夫婦は切支丹屋敷に埋葬されたとある。

　この発見を受けて，これらの墓についての論文[5~7]や本[8・9]などが出版され，加えて，シンポジウム[10・11]なども開催されている。

　ここでは，報告書やこれまで発表されてきた切支丹屋敷跡169号遺構のイタリア人の墓に関する研究成果を踏まえながら，発掘調査の概要や成果を略述するとともに，文献調査や自然科学分析の成果を加えて，宣教師シドティの墓解明の経緯を概観する。

1　発掘調査の概要

(1) 報告書刊行までの経緯

　試掘調査は2012（平成24）年1月10日から同月13日まで実施され，その結果，弥生時代，奈良・平安時代および江戸時代の遺構・遺物が検出された。これを受けて，文京区教育委員会と事業者の間で協議を重ね本格調査を行うことで合意を得て2014（同26）年4月3日から同年8月5日まで調査は実施された。その後，整理調査を経て報告書は2016（同28）年7月29日に刊行された。

(2) 地理的環境

　当該地は，小日向台の先端部に位置する。小日向台の北側から東側に向けてほぼ直角に曲がる谷

図1　周辺の地形
（『参謀本部陸軍部測量局五千分一東京図測量原図』〔部分〕，一部加筆）

が茗荷谷であり，南側は神田川に向かう傾斜地である。図1で示すように，切支丹屋敷は，三方を谷に囲まれた舌状の台地先端に立地し，周辺の居住域と距離を置いた場所に位置することがわかる。

(3) 歴史的環境

『柳営補任』[12]によれば，1640（寛永17）年，下総高岡藩主井上筑後守政重（以下，「井上筑後守」と略称。）は宗門改加役を命じられ，『江戸幕府日記』[13]によれば，1641（寛永18）年，下屋敷を拝領

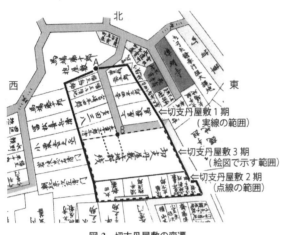

図2　切支丹屋敷の変遷
（註15，享保十一年，一部加筆）

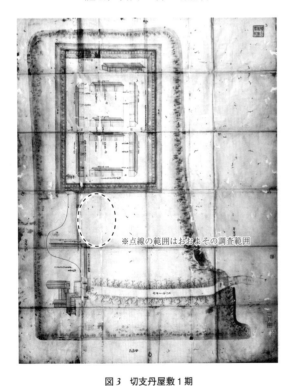

図3　切支丹屋敷1期
（「切支丹山屋敷図」公益財団法人三井文庫所蔵，一部加筆）

したという。

後に，井上筑後守の下屋敷は上地され，北接する明地と合わせ切支丹屋敷は設置されるが，『通航一覧』[14]によれば，1646（正保3）年のこととある。キリシタンや棄教者を収容した施設が切支丹屋敷である。

その後，『御府内往還其外沿革図書』[15]（以下，『沿革図書』と略称。）の延宝年中の図に「切支丹屋敷」とある。『沿革図書』の1701（元禄14）年の図に，当該地は「切支丹屋敷上地割残」とあり，元の切支丹屋敷の北側は旗本・御家人の屋敷地となり，切支丹屋敷の敷地は大幅に縮小されたことが窺える。

同書の1726（享保11）年の図に，切支丹屋敷の南側の一部は旗本・御家人の屋敷地となり，切支丹屋敷はさらに縮小する。同じく1830（天保元）年の図では，それまで「切支丹屋敷上地割残」として記載されていた範囲は旗本・御家人の屋敷地として分割される。『小日向誌』[16]によれば，1792（寛政4）年，切支丹屋敷は廃止されたとあり，以後，幕末に至るまで旗本・御家人の屋敷地となるという。なお，歴史的環境については，報告書の渋谷葉子の論考に詳しい。

このように，1641（寛永18）年から1646（正保3）年までは井上筑後守下屋敷の時期にあたる。その後，切支丹屋敷の創建された1646（正保3）年から1701（元禄14）年までを切支丹屋敷1期（図2の実線の範囲），1701（元禄14）年から1726（享保11）年までを切支丹屋敷2期（同図点線の範囲），1726（享保11）年から1792（寛政4）年までを切支丹屋敷3期（絵図で示す範囲）として切支丹屋敷の変遷を追うことができる。さらに，1792（寛政4）年から幕末までは，武家屋敷の時期となる。なお，図3は切支丹屋敷1期の空間構成を描いたものである。

(4) 墓の出土状況（図4）

本遺跡は，縄文時代早期，弥生時代後期から古墳時代前期，奈良・平安時代，そして，江戸時代の遺構・遺物が出土した複合遺跡である。

調査の結果，江戸時代の遺跡はおおよそ8期の変遷を追え，文献史料からみた土地利用の変遷におおむね対応することが判明している。これら江戸時代の遺構のうち，3基の墓の遺構名は，東側から170遺構，169号遺構，172号遺構である。

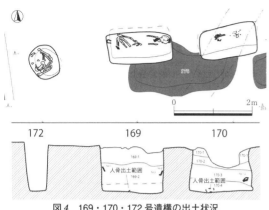

図4　169・170・172号遺構の出土状況
(註3, p.236〔部分〕, 一部加筆)

　以下, 東側の墓から順に出土状況について概述するが, 詳しくは報告書を参照されたい。

　①**170号遺構**　東側の170遺構は, 長軸1.40〜1.45m, 短軸0.74〜0.81mで平面形は長方形を呈し, 深さは1.06〜1.08mで底面の標高は23.38〜23.42mを測る。

　遺構底面で人骨は確認され, 頭は東側, 顔を北側に向けた右下側臥位葬と推測されている。遺物などから長方形の櫃転用棺に入っていたとある。覆土の堆積状態から, 埋葬後, 掘り返された痕跡は認められない。

　②**169号遺構**　中央の169号遺構は, 長軸1.61〜1.64m, 短軸0.77〜0.78mで平面形は長方形を呈し, 深さは1.10〜1.13mで底面の標高は23.35〜23.40mを測る。

　遺構底面で人骨は確認され, 頭を東にして, 顔を北側に向けた右下側臥半伸展葬と報告されている。出土状況から長持転用棺に入っていたことが確認されている。覆土の堆積状態から, 埋葬後, 掘り返された痕跡は認められない。

　③**172号遺構**　西側の172遺構は, 径0.6〜0.84mで平面形は円形を呈し, 深さは1.17〜1.26mで底面の標高は23.37mを測る。

　遺構底面で人骨は確認され, 顔は南東側に向けた屈葬である。覆土の堆積状態から, 埋葬後, 掘り返された痕跡はない。

　報告書によれば, 上記の墓は, 調査区北西隅から約1m間隔で直線上に3基並んで発見された。主軸はほぼ東を向き, 遺構底面の標高も一致し, 埋葬後, 掘り返された痕跡もなく, ほぼ同時期に構築された墓である可能性が高い。

　イタリア人の遺骨の出土した169号遺構は, 上記で示すようにキリシタン墓の葬法である伸展葬を意識したものであり, 丁寧な取扱いの印象を残す墓であることが確認されている。足を曲げた状態であったのは, 長持転用棺が小さかったためと推測される。

2　自然科学分析の成果

(1)　出土人骨

　人骨の形態的特徴の分析やDNA分析の結果は, 以下のとおりである。ここでは, 東側の墓から順に概述する。

　①**170号遺構出土人骨**　170号遺構出土人骨は, DNA抽出を試みたが資料が得られず分析不能であった。性別不明。未成年ではない。アジア系に多いとされる「シャベル型切歯」という特徴をもつという。

　②**169号遺構出土人骨**　DNAのリードの特徴から, 古代DNAであることがわかった。DNA分析の結果, 現在のトスカーナ地方のイタリア人の遺伝的変異の中に収まり, 性別は男性という結果を得ている。

　また, 頭骨の縫合や歯の摩耗の状態から中年〜老年であり, アジア系に多いとされる「シャベル型切歯」という特徴はみられず, 推定身長170cm代であるという。

　③**172号遺構出土人骨**　DNA分析の結果, 日本人と判断して問題はなく性別は男性という結果が得られた。172号遺構の人骨は, 推定身長155〜165cmで「シャベル型切歯」をもつ成人であることが明らかにされている。

　なお, DNA分析については報告書の篠田謙一の論考に, 人骨の形態的特徴については坂上和弘の論考に詳しい。

(2)　人骨及び棺材の放射性炭素年代測定値

　報告書の自然科学分析結果, 169号遺構の棺材の放射性炭素年代測定の暦年較正結果はcal AD1,524〜1,651, 170号遺構の暦年較正結果はcal AD1,524〜1,649であり, 人骨で得られた169号遺構のcal AD1,518〜1,663, 170号遺構のcal AD1,520〜1,662の値とほぼ一致した値が得られている。なお, 172号遺構出土人骨の放射性炭素年代測定の暦年較正結果はcal AD1,224〜1,281であるという。

3　文献調査の成果

(1) 切支丹屋敷の収容者

　切支丹屋敷には，ペドロ・マルケス，ジュゼッペ・キアラ（岡本三右衛門），南甫（アンドレ・ヴィエイラ），卜意（ロウレンソ・ピント），寿庵，二官，ジュリオ四郎右衛門，マタベ・ヤシントドノ，シドティ，長助，はるなど20名が収容されていたという。このうち，切支丹屋敷に収容されたイタリア人は宣教師キアラと宣教師シドティの2人であるという。

　『査祆余禄』[17]によれば，イタリア人である宣教師キアラは1685年8月24日（貞享2年7月25日）に84歳で病没し，翌日の25日に火葬された後小石川無量院に葬られたとある。

　一方，前述の『小日向誌』によれば，宣教師シドティは「山屋敷裏門の側へ葬れり」とある。なお，文献調査の成果については，報告書の渋谷葉子の論考に詳しい。

　以上，文献史料で見る限り，宣教師シドティは切支丹屋敷に埋葬された唯一のイタリア人であることがわかる。

(2) 文献史料にみる墓の位置

　1701（元禄14）年の『屋敷渡預絵図証文』（図5-a)[18]に新道幅三間（約5.40m）とあり，敷設した当時の道敷は，現在の道幅である約4.41mよりも約1.0m広かったことがわかる。さらに，同図によれば，基点A-B間の距離は「拾八間一尺八寸」×2と「拾四間四尺三寸」×2の約119.6mを測り，1701（元禄14）年以降現在に至るまでその距離とおおむね一致する。

　上記から，1.0mの誤差はあるものの，絵図に付す基点A・Bは，現在もほぼ同じ場所に位置することがわかる。

　基点Bを手掛かりとして，切支丹屋敷3期の範囲と発掘調査の敷地との関係を示したものが図5-bである。さらに，調査区全景である図6-aは，基点Bと裏門，そして，3基の墓の位置関係を示したものである。一方，基点Bと裏門の位置関係を示したものが図6-bである。図6-a・bの比較から切支丹屋敷の裏門の西側，大草家との敷地境に沿って3基の墓は位置することがわかる。

　前述の『小日向誌』に，「おなしならひにあり，これも墓木ありしか，今ハ伐はらひてなし」とあり，長助・はる夫婦の埋葬場所は宣教師シドティの墓と同じ並びにあったとある。加えて，前述の「山屋敷裏門の側へ葬れり」とあり，場所の特定

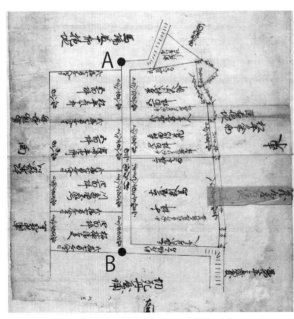

a：『屋敷渡預絵図証文』1701（元禄14）年
（国立国会図書館所蔵，一部加筆）

b：切支丹屋敷3期と調査地点の関係
（註3，p.226，一部加筆）

図5　切支丹屋敷と調査地点の関係

は難しいものの裏門の側という記述とはほぼ対応する場所から169号遺構のイタリア人の遺骨は出土しているといえる。

（3）宣教師シドティの容姿と没年代

「長崎實録大成」に，「身の長五尺八九寸，鼻筋高く，色白く，髪黒し」[19]とあり，宣教師シドティの身長は，約175.7～178.8cmを測り，鼻筋は高く，色白で髪は黒色であったことがわかる。

『西洋紀聞』[20]によれば，「ローマン人も身病ひする事ありて，同じ廿一日の夜半に死しぬ。其年は，四十七歳にやなりぬべき」とあり，1714年11月27日（正徳4年10月21日），47歳（47歳は数え年，46歳）で宣教師シドティは獄死したとある。なお，同書によれば，宣教師シドティが獄死したのは，長助・はるが宣教師シドティからの受洗を自首したことを受け詰牢に入れられたためとある。

4　宣教師シドティの墓解明の経緯

上記から，明らかになった点をまとめると以下のとおりである。

①169号遺構は，宣教師シドティの墓の位置を示す文献史料の記述とほぼ一致する場所から出土したこと。

②調査の結果，169号遺構は，右下側臥位半伸展葬で長持転用棺に納められ，キリスト教を意識した葬法で丁寧に埋葬されていたことが明らかにされたこと。

③文献史料で見る限り，切支丹屋敷に埋葬されたイタリア人は宣教師シドティ一人であること。

④「身長，五尺八九寸（約175.7～178.8cm），イタリア人，47歳（ママ）で没する」という宣教師シドティの文献史料の記載は，169号遺構出土人骨の身長170cm代のイタリア人中年～老年男性という自然科学分析の結果と齟齬は生じないこと。

これらを総合的に鑑みた結果，切支丹屋敷跡出土のイタリア人の墓である169号遺構は，宣教師シドティの墓であると判断されるに至ったことを報告した[21・22]。2016（平成28）年のことである。

この報告に対して，2018（同30）年，一部の研究者から，「169号遺構出土の人骨はイタリア人であることや人骨の放射性炭素年代測定値が18世紀前半ではなく16世紀前半～17世紀中頃であることを尊重するならば，シドティではなくカッソラの墓と比定できる」という指摘を受ける[23]。

上記の指摘に対して，2019年，篠田謙一は，「シドティ神父の謎に迫る」の基調講演[24]の中で「17世紀は放射性炭素年代の特定が難しい時期であり，この時期の年代の前後関係を，劣化している試料を使った放射性炭素年代で正確に知ることは難しい。したがって，この年代をもとにした議論に意味がない。」と述べ，前述の169号遺構は宣教師カッソラの墓と比定できるという指摘を退

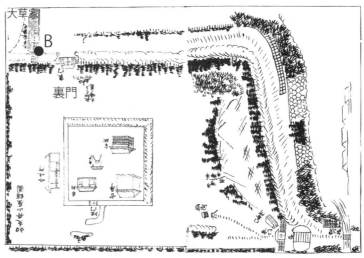

a：墓跡と裏門の位置（調査区全景・Google Map）　　　　b：「切支丹山屋鋪図」（『小日向志』間宮士信1824〈文政7〉年都立図書館蔵）

図6　切支丹屋敷と墓跡の位置関係（註3，p.239，一部加筆）

けている。

　また，同じシンポジウムにおいて，谷川章雄は，「シドティの墓の場所は文献資料によれば裏門脇とされるが，最近紹介された甲良家来資料の「小日向切支丹屋敷絵図」には，3基の墓にあたる場所に『切支丹廟所』という記載があり，シドティの墓の場所を示す根拠の一つとなるであろう。」[25]と述べ，169号遺構の遺骨は宣教師カッソラではなく宣教師シドティである旨の指摘をしている。

　このように，両氏により，169号遺構が宣教師シドティの墓とする有力な根拠を得ている。

　以上，宣教師シドティの墓の解明に対するこれまでの経緯を述べた。

5　おわりに

　本稿では，これまでに発表されてきた切支丹屋敷跡169号遺構のイタリア人の墓に関する研究成果を踏まえながら発掘調査の概要や成果を略述し，文献調査や自然科学分析の成果を加えて，宣教師シドティの墓解明の経緯を概観した。

　なお，169・170・172号遺構の被葬者については，別の機会に詳しく論じることを考えている。

註

1) 池田悦夫「ジョヴァンニ・バティスタ・シドッチの墓と判断された経緯と根拠について」『2016年度キリシタン文化研究会および講演会』キリシタン文化研究会，2016

2) 池田悦夫「ジョヴァンニ・バッティスタ・シドティ神父と江戸切支丹屋敷」『生涯学習センター2021年度前期講座』聖心女子学園，2021

3) テイケイトレードほか『東京都文京区切支丹屋敷跡［遺構・遺物・自然科学分析(1)・考察編]』2016

4) 文京区教育委員会『東京都文京区切支丹屋敷跡［保存処理・自然科学分析(2)編]』2016

5) 池田悦夫「ジョヴァンニ・バティスタ・シドッチの墓と判断された経緯と根拠について」『キリシタン文化研究会会報』150，キリシタン文化研究会，2017，pp.1-31（前掲註1の記録を文字起こししたもの）

6) 五野井隆史「切支丹屋敷跡地出土の人骨はシドッチか？」『日本歴史』840，吉川弘文館，2018，pp.94-102

7) 谷川章雄「シドッチの墓」『歴史と地理日本史の研究263』720，山川出版，2018，pp.60-63

8) Mario, Torcivia, *GIOVANNI BATTISTA SIDOTI. Rubbettino*, 2017（高祖敏明 監訳『ジョヴァンニ・バッティスタ・シドティ―使命に殉じた禁教下最後の宣教師―』キリシタン文化研究29，教文館，2019）

9) 文京区教育委員会『シンポジウムシドッチ神父と江戸のキリシタン文化』2018（後掲註10の記録を文字起こししたもの）

10) 文京区教育委員会『シンポジウム シドッチ神父と江戸のキリシタン文化』2016

11) 文京区教育委員会・上智大学『シンポジウム シドティ神父の謎に迫る』2019

12) 東京大学史料編纂所 編『大日本近世史料 柳営補任』2，東京大学出版会，1963

13) 『江戸幕府日記 姫路酒井家本』10，ゆまに書房，2003，p.411

14) 『通航一覧』1853（嘉永6）年（『通航一覧』5，清文堂出版，1967年復刻版）

15) 『御府内往還其外沿革図書』国立国会図書館（『江戸城下変遷絵図集』原書房，1986 所収）

16) 間宮士信『小日向誌』都立公文書館蔵，1824（文政7）年（『東京市史稿 市街篇』6，pp.205-226）

17) 河原甚五兵衛『査祇余禄』1672-1691（寛文12-元禄4）年（『続々群書類聚12』続群書類聚完成会，1970）

18) 『屋敷渡預絵図証文』国立国会図書館所蔵 請求記号807-1

19) 「長崎實録大成」（宮崎道生校注『新訂西洋紀聞』1968，p.361）

20) 新井白石『西洋紀聞』正徳5（1715）年（宮崎道生校注『新訂西洋紀聞』平凡社，1968，p.19）

21) 池田悦夫「シドッチと判断された根拠について」前掲註3報告書，pp.225-242

22) 池田悦夫「第4章 まとめ」前掲註4報告書，pp.23-24

23) 前掲註6に同じ

24) 篠田謙一「基調講演②『あの遺骨は本当にシドティのものなのか』―人類学の立場から―」『シンポジウム シドティ神父の謎に迫る』配布資料，文京区教育委員会・上智大学，2019

25) 谷川章雄「基調講演②『あの遺骨は本当にシドティのものなのか』―考古学の立場から―」前掲註24資料

千提寺キリシタン墓地

合田幸美 GODA Yoshimi
公益財団法人大阪府文化財センター

中世墓からキリシタン墓，そして近世墓まで含む千提寺の5ヵ所の墓域における発掘調査・研究成果をふまえ，キリスト教受容から潜伏に至る様相を探る

大阪府茨木市千提寺は，大阪府北部の山間部に位置し，標高250m前後を測る。地形は丘陵と谷からなり，谷には棚田が整然とひろがる景観がみられる。この地は，高山右近の旧領であり，キリシタン墓碑のほかフランシスコ・ザヴィエル画像をはじめとするキリシタン遺物が大正時代にみつかったことで著名である。

新名神高速道路の建設に伴う大規模な発掘調査により，千提寺西遺跡，千提寺市阪遺跡，千提寺クルス山遺跡で5ヵ所の墓域を確認し，中世墓，キリシタン墓，近世墓を多数検出したほか[1]，その後千提寺菱ヶ谷遺跡の発掘調査においても，中世〜近世の墓域がみつかっておりキリシタン関連遺跡となる可能性が指摘されている[2]。

本稿では，5ヵ所の墓域を検討することで，中世墓からキリシタン墓，そして近世墓への流れを概観し，民俗学的調査成果をふまえたうえで千提寺におけるキリスト教の受容から潜伏に至る様相を探ってみたい。

1 墓域の調査 (図1)

千提寺西遺跡3・4区 「墓の丸」の字名をもつ丘陵の山頂に，中世墓を中心とする墓域がひろがる。中世墓は土葬墓と火葬墓があり，13世紀後半〜14世紀前半の墓にはじまり，14世紀後半から16世紀後葉の墓が大半を占める。山頂西側平坦面の南側斜面に焼土坑があり，14世紀後半以降の火葬場とみられる。山頂脇の斜面では，五輪塔部材，石仏がまとめて置かれたような状態で出土している。本来墓標であったものが，ある時期に片付けられた様相を示す。

キリシタン墓は長方形の墓壙で，人骨と釘の出土状況から木棺伸展葬とみられる。尾根上に5基が直列し，西側平坦面に5基が並列する。

長方形墓は，①後述する千提寺西遺跡5区4土壙の上部施設が千提寺に隣接する下音羽地区大神家（キリシタン遺物所蔵家）の墓や大分県臼杵市下藤地区キリシタン墓[3]と類似する，②墓壙の配列

や形態，木棺伸展葬が高槻城跡キリシタン墓[4]と酷似する，③千提寺・下音羽地区からキリシタン遺物が発見されている，④同時期の墓の埋葬方法とは異なる[5]ことからキリシタン墓とした。

中世の火葬場の上層には厚い炭層が堆積し，平坦面に並列するキリシタン墓を覆う。この上層の炭層は古寛永（1636〈寛永13〉年初鋳）や美濃瀬戸の磁器碗など17世紀前半の遺物を含むことから，この時期にはキリシタン墓が廃絶し，火葬場として機能していたことがうかがえる。

千提寺西遺跡5区 山頂に位置し，尾根上でキリシタン墓が，山頂で近世墓群がみつかった。山頂には，キリシタン遺物所蔵家である中谷家の一族墓が立地していた。

キリシタン墓は6基あり，これと配列を共にする円形墓3基とともに墓群を形成する。木棺伸展葬である。4土壙は長辺301cm，短辺88cm，深さ86cmを測る。墓壙上で長方形の枠状に自然石がめぐる上部施設を確認し，長方形墓をキリシタン墓と認識する端緒となった。

近世墓は，箱形・桶形木棺での座位による土葬である。副葬品は，土師器皿・磁器紅猪口（皿）・磁器碗・銭貨・毛垂（剃刀）・刀子・火打金・握り鋏・棒状鉄製品・板状鉄製品・鎌・土人形・煙管・小鉤・硯・石筆・漆器椀・板材（天蓋？）・ガラス玉・釘・煙草入れ・紙・皮製品・鉛弾といった多様な遺物が出土する。ガラス玉は大友宗麟の城下町である大分市府内町遺跡に「コンタツ」とされる類例があるが[6]，キリスト教布教期をさかのぼる山口県瑠璃光寺遺跡出品品[7]や江戸時代の煙草入れにもみられ，キリシタン関連遺物と断定するには至らない。冥銭とみられる銭貨を埋葬する墓の割合は少ない。

千提寺西遺跡6区 5区から延びる尾根の先端に位置し，山頂から尾根上に近世墓がひろがる。「浄土墓」という字名で，浄土宗に帰依する中井家の一族墓が立地していた。

近世墓は，箱形・桶形木棺での座位による土葬である。副葬品は，土師器皿・磁器碗・磁器小坏・

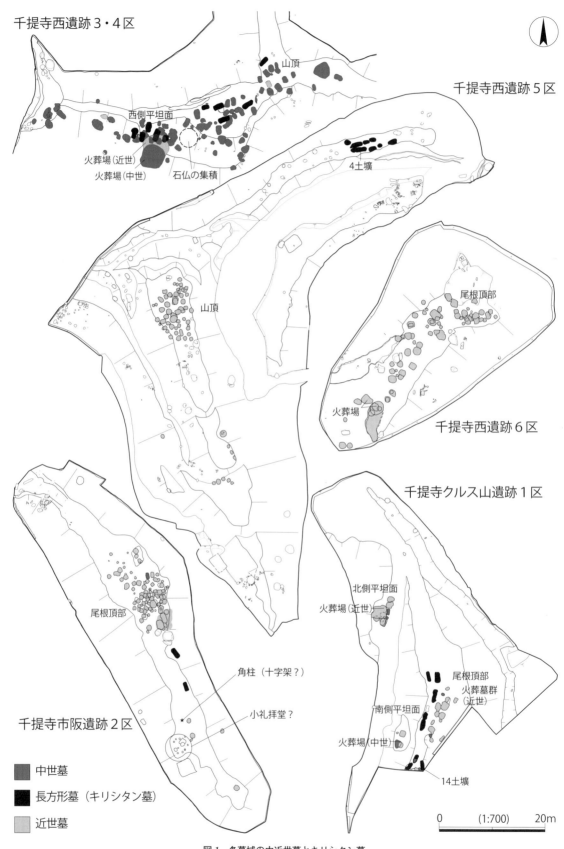

千提寺西遺跡3・4区

山頂

千提寺西遺跡5区

西側平坦面

火葬場（近世）
火葬場（中世）　　石仏の集積

4土壙

山頂

尾根頂部

火葬場

千提寺西遺跡6区

千提寺クルス山遺跡1区

北側平坦面
火葬場（近世）

尾根頂部

角柱（十字架？）

小礼拝堂？

千提寺市阪遺跡2区

尾根頂部
火葬墓群
（近世）
南側平坦面

火葬場（中世）

14土壙

　中世墓

　長方形墓（キリシタン墓）

　近世墓

0　　(1:700)　　20m

図1　各墓域の中近世墓とキリシタン墓

銭貨・環・煙管・入歯・漆器椀・板材・箱・釘であり，銭貨を副葬する墓の割合は高い。

千提寺クルス山遺跡1区　尾根頂部とその西側に位置する北側・南側平坦面の3ヵ所の墓域が隣接する。尾根頂部では12世紀前半の土葬墓，中世後葉の火葬墓，キリシタン墓，近世の火葬墓が，北側平坦面では中世火葬墓と近世土葬墓が，南側平坦面では近世土葬墓がみつかった。墓域は尾根の南側へとつづいており，墓域の全容については解明されていない。

中世後葉の火葬墓は，尾根頂部に等間隔に並ぶ小規模な墓壙で，被熱痕跡がみられない。同様の火葬墓は北側平坦面においてもみとめられる。同時期の焼土坑が南側平坦面にあることから，ここで火葬，拾骨後に埋葬されたものと考えられる。

キリシタン墓は，中世墓を避けて8基が直列する。南端の14土壙は，自然石と石仏を並べた墓標があり注目される。

近世土葬墓は，北側および南側平坦面にあり，箱形・桶形木棺での座位による埋葬である。副葬品は，土師器皿・瓦器椀・磁器碗・銭貨・鉄製品と種類が少なく，銭貨を副葬する墓の割合は高い。

近世火葬墓は，尾根頂部，キリシタン墓の東側に集中する。墓壙に被熱痕跡はなく，同時期の焼土坑が北側平坦面にあることから，ここでの火葬が考えられる。近世の火葬墓はこの墓域のみであり，他の墓域における近世墓はすべて土葬墓であることから，本墓域における近世火葬墓群は特徴的である。

千提寺市阪遺跡2区　尾根頂部に中世墓，近世墓群が，南東へやや降った箇所にキリシタン墓2基が立地する。

中世墓は，火葬墓で東播系須恵質鉢が頭蓋骨上を覆うように伏せて置かれ，13世紀前半に位置付けられる。

キリシタン墓は，やや浅い形状であり，1基は木棺伸展葬，1基は釘が出土しておらず浅いことから，東京駅八重洲北口遺跡でみられるような布巻の埋葬が想定される[8]。周辺ではピット群や角柱が確認され，礼拝堂と十字架の可能性が考えられる。大分県下藤地区キリシタン墓地においても，同様の遺構の存在が明らかにされている。

近世墓は，箱形・桶形木棺での座位による土葬である。副葬品は，土師器皿・磁器碗・陶器耳付花入・陶器碗・銭貨・握り鋏・火打金・飾金具・土人形・煙管・煙草入れ・ガラス小玉・火打石・釘といった多様な遺物が出土している。銭貨の出土は少ない。ガラス小玉は，青緑色と無色のものが2基の墓壙から67点，99点とまとまって出土している。一般的な近世墓ではガラス小玉の出土はあまり例をみず，キリシタン墓がみつかった大分市府内町遺跡，東京駅八重洲北口遺跡で出土していること，中谷家（キリシタン遺物所蔵家）のロザリオ[9]，水戸家収蔵品のロザリオ[10]に類似することから，キリシタン関連遺物の可能性が考えられる。

2　キリシタン墓から近世墓へ

千提寺におけるキリスト教の受容から潜伏期に至る歴史的な背景および宗教環境について，チースリク神父ならびに井形暁子の詳細な研究[11]をもとに振り返っておきたい。

1578（天正6）年，荒木村重謀反の制圧に対する功績がみとめられ，千提寺を含む五箇荘が高山右近に加増される。しかし地元の仏寺である忍頂寺が織田信長から安堵状を得ていたことから積極的な布教を控えており，信長が本能寺の変で死去する翌年1583（天正11）年に，イエズス会士ジョゼッペ・フォルナレッテイにより忍頂寺を拠点とした集中的な伝導が進み，千提寺を含む山間部のほとんどが改宗したとされる。

高山右近が明石へ移封後，1587（天正15）年に豊臣秀吉により禁教令が発布される。初代代官はキリシタンである安威了佐が1593（文禄2）年まで，2代目は豊臣家家臣で異教徒である川尻肥前守秀長が1600（慶長5）年まで務めた。その後徳川方に変わり，京都所司代である板倉伊賀守勝重が1619（元和5）年まで，その息子周防守重宗が1654（承応3）年まで目配りする。この間，1612～1614（慶長17～19）年に徳川幕府禁教令がだされ，重宗のときに潜伏キリシタンは檀家としてまとめられ，曹洞宗高雲寺が創建されたらしい。

千提寺・下音羽のキリシタン遺物をみると，時期が推定できる資料は1590～1620年代のものであり，高山右近が明石へ移封後にもたらされた可能性がある。キリシタン墓碑は1600年代で[12]，この頃には信仰環境に大きな変化は無かったものとみられる。1622（元和8）年にザヴィエルが列聖され，千提寺発見の聖フランシスコ・ザヴィエル像やマリア十五玄義図には名前の頭に「S.」が付されることから，1622（元和8）年以降においても布教活動が継続していたことが示唆される。

1633（寛永10）年に，下音羽に潜む司祭達が捕縛

され長崎で刑死する。板倉勝重，重宗はキリシタンに寛容な態度をとり流血の迫害を避けたとされるが，島原の乱後幕府がキリシタン対策を徹底するなか，1630年代には千提寺の宗教環境も大きく変化したと考えられる。重宗の後任，牧野親成は，明暦年間（1655～1658）に下音羽村において宗門不定者病死の際キリシタンの葬儀ではないことを報告しており，1650年代以降，キリシタンは潜伏していたとみられる。

キリシタン墓をみると，①千提寺西遺跡3・4区には，中世墓に重複してキリシタン墓が設けられ，②千提寺西遺跡5区，千提寺市阪遺跡2区にはキリシタン墓が独立した墓域を設け，千提寺クルス山遺跡1区ではその中庸の状況を示す。①はキリシタンの典礼にいう「仏教徒の墓地の一隅をキリシタン墓地として使用すること」[13]から，キリスト教の葬送儀礼がいまだ試行錯誤する1583（天正11）年の布教直後の段階にあることがうかがえる。②は同じく「その家の先祖代々のために一定の墓所を設ける習慣が多く行われていたので，キリシタンたちもそれを守った」とあるから，ひとまず安定した信仰環境下にある1590年代以降の様相を示すものと推定する。

千提寺におけるキリシタン墓の終焉は，千提寺西遺跡3・4区のキリシタン墓を覆う火葬場の炭層から，17世紀前半とみられる。この炭層は厚く，銭貨，釘，火葬骨が多く出土していることから盛んに火葬が行われたことがうかがえる。潜伏への移行に際し火葬を盛んに行うことで，仏教徒的な色合いを濃く打ち出したのかもしれない。

近世墓の出土遺物は17世紀前半～19世紀にわたり，概ね潜伏期にあたる。

千提寺西遺跡6区は，座棺墓による土葬であり，浄土宗を信仰する一族墓が存続していたことから，仏教徒の墓域と考えられる。

キリシタン墓がみつかった千提寺西遺跡5区，千提寺クルス山遺跡1区，千提寺市阪遺跡2区においても座棺墓による土葬がなされ，禁教政策が確立されるなか潜伏キリシタンとなった人々は，仏教徒と同様の葬送儀礼を受け入れたとみられる。ただし，千提寺クルス山遺跡1区では，近世土葬墓がある一方，場所を違えて近世火葬墓群があり，異なる集団の墓域とみられる。火葬という葬法からは，仏教徒の色合いが濃い集団の墓域となろう。

副葬品をみると，千提寺西遺跡6区と千提寺クルス山遺跡1区（土葬墓）は限られた種類であり銭貨を副葬する割合が高いのに対し，千提寺西遺跡5区と千提寺市阪遺跡2区は，副葬品が多様で特殊品を含み，銭貨を副葬する割合が低い。前者が仏教徒的，後者がキリシタン的様相となろうか。

3　各墓域とキリシタン遺物所蔵家との関連（図2）

千提寺におけるキリシタン遺物所蔵家は，東姓と中谷姓の2つの同一姓が中心となる。民俗学的調査を進める井藤は，墓地と姓の対応について試案を示されており[14]，これに沿って各墓域と姓についての関連をみてみたい。

千提寺は，3つの小集落で構成され，各小集落には「ジョウ」の名称が付されている。天満宮が谷奥に鎮座する大きな谷の西側がナカイジョウ，谷奥がウエダイジョウ（またはオクンジョ），清阪街道（大岩川）に面した丘陵と谷がコヤマジョウ（またはミノヤマノカイチ）の3区分があり，ナカイジョウは中井姓と中谷姓，ウエダイジョウ（またはオクンジョ）は東姓，百合姓，乾姓と中谷系の姓，コヤマジョウ（またはミノヤマノカイチ）は上姓と箕山姓というように，同じ姓をもつ人々がまとまって居住される。

ナカイジョウをみると，千提寺西遺跡6区は字名が「浄土墓」で浄土宗に帰依される中井家の墓地であり，千提寺西遺跡5区はキリシタン遺物所蔵家である中谷家の墓地である。千提寺西遺跡3・4区は「墓の丸」の字名をもち中世墓がここに集中することから，キリスト教が受容される16世紀後葉まで，千提寺全域の惣墓であったと考えられる。墓地は集落の南側丘陵にひろがり，山頂には潜伏キリシタンである中谷姓の墓地が，そこから延びる尾根の先端には仏教徒である中井姓の墓地が営まれる。

ウエダイジョウの集落は最も谷奥に位置し，天満宮の南東に位置する丘陵がクルス山である。ここにはかつてキリシタン墓碑である上野マリヤ碑，佐保カララ碑があり，キリシタン墓の存在が以前より期待されていた。千提寺クルス山遺跡1区は，尾根上に直列するキリシタン墓があり，その東側には近世火葬墓が，西側平坦地には近世土葬墓が検出され，キリシタン墓はキリシタン遺物所蔵家である東姓に属する可能性が高い。その場合，近世墓のうち，土葬墓が東姓，火葬墓が仏教徒である百合姓の墓とみられ，潜伏キリシタンである東姓の墓地と仏教徒である百合姓の墓地が近接して営まれた可能性がある。

コヤマジョウはクルス山から谷を隔てた北東に位置し，清阪街道（大岩川）に面する。千提寺市阪

遺跡2区が立地する丘陵の尾根上南端にかつて上家の墓地があった。上姓は明らかなキリシタン遺物所蔵家ではないが，旦那寺が曹洞宗高雲寺であり，キリシタン遺物所蔵家である東姓，中谷姓と同じであることから，キリシタンであった可能性が指摘されている。清阪街道（大岩川）を隔てた東側対岸に位置する箕山姓は浄土真宗に帰依する仏教徒であり，潜伏キリシタンであろう上姓と，仏教徒である箕山姓は近接する。

　以上のように，千提寺の3ヵ所のジョウでは，潜伏キリシタンの家と仏教徒の家が対になった形で近接して配された様子がうかがえる。潜伏キリシタンの墓地はひとつの同姓家だけで丘陵上に独立した墓地を作ることから，他姓の家にその詳細を知られることは少ない（千提寺クルス山遺跡1区は除く）。こうした状況からは，潜伏キリシタンは仏教徒による日常的な監視下に置かれていたと想定できるが，一方，その監視は厳密なものでは無くある程度信仰が容認されていたとみることもできる。火葬場の資料からは，この状況は禁教令が発布された17世紀前半から幕末近代まで継続しており，禁教令発布から時をへずしてこの環境が整えられたとすると板倉重宗のとった施策にはじまるものかもしれない。

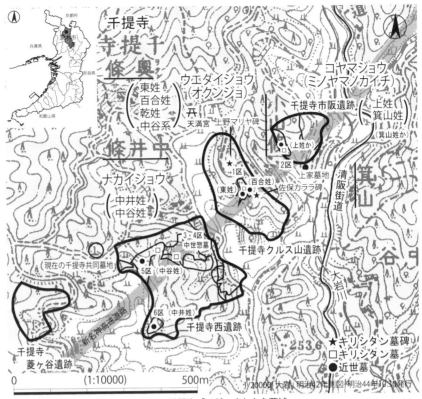

図2　千提寺「三ジョウ」と各墓域

　註
1)　公益財団法人大阪府文化財センター『千提寺西遺跡　日奈戸遺跡　千提寺市阪遺跡　千提寺クルス山遺跡』2015
2)　坂田典彦ほか『千提寺菱ヶ谷遺跡1』茨木市教育委員会，2020
3)　神田高士『下藤地区キリシタン墓地』臼杵市教育委員会，2016
4)　高橋公一ほか『高槻城キリシタン墓地』高槻市教育委員会，2001
5)　中世墓資料集成研究会『中世墓資料集成　近畿編(1)・(2)』2006
6)　田中裕介「第6章　総括」『豊後府内6』大分県教育庁埋蔵文化財センター，2007
7)　山口市教育委員会『瑠璃光寺跡遺跡　中世墓群の調査』1988
8)　今野春樹ほか『東京駅八重洲北口遺跡』森トラスト・千代田区東京駅八重洲北口遺跡調査会，2003
9)　浅野ひとみほか『千提寺・下音羽のキリシタン遺物研究』2014
10)　水戸市史編纂委員会『水戸市史』中巻(一)　1968
11)　Hubert Cieslik「高山右近領の山間部におけるキリシタン―布教，司牧上の一考察―」『キリシタン研究』16，キリシタン文化研究会，1976
　　　井藤暁子「茨木キリシタン遺跡発見90周年」『坪井清足先生卒寿記念論文集』坪井清足先生の卒寿をお祝いする会，2010
12)　大石一久 編『南島原市世界遺産地域調査報告書日本キリシタン墓碑総覧』2012
13)　Hubert Cieslik「キリシタンと葬礼」『キリシタン研究』5，キリシタン文化研究会，1976
14)　井藤暁子「大阪府茨木市千提寺キリシタン，現在に残る集落構成と出自―茨木市教育委員会調査継続中の新規発見遺跡解明のために（その1・集落構成）―」『キリシタン文化研究会会報』147，キリシタン文化研究会，2016

下藤キリシタン墓地

神田高士　KANDA Takashi

臼杵市教育委員会

17世紀から現代に続く下藤キリシタン墓地の調査を中心に，キリスト教の受容と地域社会の在り方を考える

2018(平成30)年にキリシタン遺跡として初めて国史跡指定を受けた「下藤キリシタン墓地」は，臼杵市野津町大字原2270番地にある。500㎡ほどの範囲に16世紀末から17世紀初頭にかけて形成された，66基のキリシタン墓，参道などの付属施設からなる。江戸幕府の禁教令下でも破壊されず，現代までほぼ完全な形を保って残されてきた，キリシタン墓地である。

2005(平成17)年の合併で臼杵市となった旧大野郡野津町は，中世には「野津院」と呼ばれる領域であった。その開発は13世紀前半には始まったものと思われ，「院」という名称ではあるが，国衙領としての成立というより，実質，豊後守護大友家の直轄領という意味合いが強いと考えられる。

この野津院の開発は，広範囲にわたる全領域で一気に行われたものではないようである。中世仏教石塔類の分布や開発の最終段階の施設である山城の在り方から考えると，その開発は16世紀にいたるまで村単位ほどの規模で徐々に進められていったことが想像される。小開発の集大成がこの「野津院」であり，その小規模開発で誕生した「村」の長は，地侍として守護大友家の被官となり「野津院衆」と呼ばれ，平時は村の支配にあたり，有事の際は大友国衆の下で兵役をなした。16

世紀代においては，野津院にはこうした地侍が10〜15家ほど存在したと考えられるが，彼らは大友家被官であり，野津院内で誰かに支配されるということはなく，それぞれが，それぞれの「村」において開発領主としての立場で，その「村」という小さな世界での絶対的な権力と支配力を有していた。

その状況を明確に記録するのは，実は日本の史料ではなく，イエズス会史料である。そして，この史料に記されるイエズス会士たちの見た野津院のひとびとたちの活動の状況だけでなく，下藤キリシタン墓地同様，現在まで残されてきたキリシタン遺跡，さらには野津院衆の先祖の村落開発の証である中世仏教石塔の遺存状況から，16世紀末期にこの野津院でキリスト教がどのように受容され，どのようにしてその展開と消長を迎えたかが如実に見えてくる。

本稿では，発掘調査により判明した国史跡下藤キリシタン墓地の遺構やその形成について紹介しつつ，この墓地を形成したある野津院衆の一人の活動を追いつつ，野津院におけるキリスト教の受容と地域社会の在り方を考えてみたい。

1　下藤キリシタン墓地とは

下藤キリシタン墓地は，史跡指定範囲全域に広がっているわけではない。史跡指定地面積は1,440㎡であるが，キリシタン墓地はその3分の1の面積しかもたない。残りの土地は，17世紀のある時期から現代まで形成が継続されていた，仏教・神道墓地である。便宜上前者をA空間，後者をB空間と呼ぶ(図1)。

後出するB空間は，A空間をまったく蚕食しない。B空間は形成当初からA空間を保存する強い意志をもって，現代に至っているわけである。さらに地元下藤地区ではこのA空間を「キリシタンだから大切にしないといけない」と，明治中期生まれの古老から聞いていたとの地元住民の証言がある。幕府禁令の直後から下藤地区住民にとって，後述するように江戸幕府の禁教下にあっ

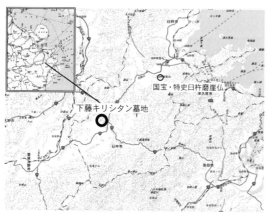

図1　下藤キリシタン墓地の位置

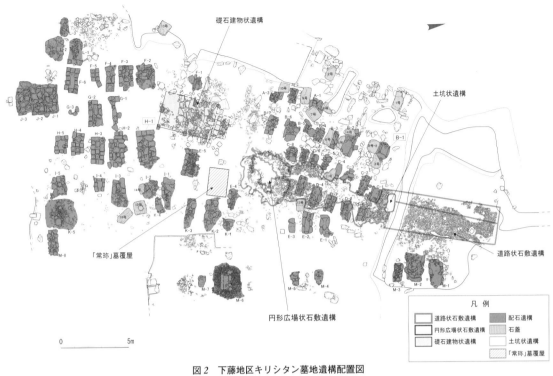

図2　下藤地区キリシタン墓地遺構配置図

A類　　　　　　　　　　　　　　　B類　　　　　　　　　　　　　　　　　　　　C類

図3　配石遺構の形状

てもA空間の保存意識は確かにあったことが，発掘調査で判明したのである。

　A空間を構成するのはキリシタン墓，道路状敷石遺構，円形広場状敷石遺構，そして礎石建物状遺構である（図2）。以下，それぞれについて紹介する

(1) キリシタン墓

　伸展葬墓壙とその上面の墓標として造られた長方形状に石材を配置する配石遺構からなるもので，66基が確認された。これらの墓は縦横の軸線を揃えて整然と配置されており，家族・一族などの単位で小墓域を形成するものではない。

　このうち2基については墓壙内までの調査を行い，遺骸は墓壙とほぼ同じ大きさの木棺に西頭位で埋葬されていることが把握できた。配石遺構の長軸線は東−西に揃えられており，未調査のすべての墓壙内遺骸は西頭位で埋葬されているものと考えられる。配石遺構は遺骸の埋葬直後に形成されるのではなく，遺骸埋葬後に遺骸の腐朽に伴う埋土の沈下が止まった時点で地表面を整地して形成されることも判明した。なお，配石遺構プランは墓壙平面プランとほぼ同じ寸法であり，伸展葬による墓壙形状に合わせて長方形状としたものであることが考えられる。江

戸時代のキリシタン統制下において，こうした長方形の墓標は「長墓」とされ，禁制の対象となっているように，長方形の地上標識は，20世紀の土葬認可の時期まで，カトリック墓標・墓碑の象徴といえるものであった。

配石遺構には，方形・長方形の規格的に整形された石材を長方形の範囲に敷き詰めるもの（A類），箱式石棺のように外周を板状石材などで長方形に囲み，その上に石蓋（伏碑状石材）を被せるもの（B類），小礫で地表面にマウンドを造り，その上に柱状石材を2本並行して配置するもの（C類）の三種が認められる（図3）。これらの石材の中には五輪塔（地輪部），宝塔（笠部）など，仏教石塔部材も多用されているが，この傾向はA類で大きく，B類は極めて小さい。B類は石囲の中に小礫を充填するもの（1類）としないもの（2類），板状石材を敷くもの（3類）がある。

(2) 道路状石敷遺構 （参道）

検出延長15m，幅2mの範囲に長径5～10cmほどの円礫を敷詰める遺構である。延長方向は南－北で，参道とみられる。一部にキリシタン墓が蚕食しているが，何らかの条件で墓域の拡張ができなかったために，参道部分にも墓の形成が行われたのであろう。

(3) 円形広場状石敷遺構

検出状況から，旧状を直径4mほどの正円形と復元できる円礫を敷詰めた小広場状遺構である。中心部分には当初柱状の物体を建て，その後に引き抜いた痕跡が確認されている。墓地の中心に位置し，道路状石敷遺構の南側終点となっている。

(4) 礎石建物状遺構

3基の中世仏教石塔の転用石材と2基の割石を礎石とする，約2.4m×約4.0mの長方形状の平面形を呈する小規模な礎石建物跡である。床面には小礫が敷詰められている。長軸方位は道路状石敷遺構に準ずる南－北方位である。

(5) 遺構の検出状況

遺構面を覆っていたのは，厚さがわずか10～15cm程度の腐葉土層で，最近までこの遺構群は地表面に露出していたことが考えられた。配石遺構B類の石蓋はすべて旧位置からその脇へ移動した状態で，明らかに人為的に石蓋を開けて内部の確認をしようとする意図のあるものであったが，発掘調査で昭和期になってこの石蓋開披が行われていることも判明した。

2 「リアン」のキリスト教受容と下藤集落

(1) 判明した「下藤キリシタン墓地」形成者

この墓地の調査に着手したばかりの2010～2011（平成22～23）年度には，今までにない遺構群によって形成される遺跡であるため，そのため，「キリシタン墓地」であると判断するための検討に時間を要したが，

① この場所が地元で「キリシタン」と呼ばれ，少なくとも明治中期にはこの場所を大切にせねばと伝えられていた。

② 1956（昭和31）年にこの墓地付近で花十字紋を刻む半円柱形の「常珎墓碑」が，1999（平成11）年には石造十字架の一部である「「INRI」銘石造物」が発見されていること。

③ 配石遺構に中世石塔部材が使用されており，その形成の上限は16世紀末であること

さらに，2011（平成23）年度末に配石遺構の下部遺構（墓壙部）の確認調査によって，

④ 被葬者は伸展葬であったこと

という諸条件を考慮して，キリシタン墓地であると結論付けるに至った。

さらに2015（平成27）年に大津祐司が，1597（慶長2）年に臼杵城主太田飛騨守が作成した野津院を含む臼杵領一帯の検地帳に記載されている野津院下藤村で最も広い屋敷地を有する「理庵」という人物と，イエズス会史料で野津院のキリシタンのリーダーとして尊敬を以て記録される洗礼名「リアン（Leao）」が同一人物であること，その7屋敷地の大まかな位置を突き止めた[1]。これによって，宣教師ルイス・フロイスがその『日本史』に記録する，リアンが自らの「邸内」の「上方にある山」に「キリシタンを埋葬するため，広く，よく整った」ものとして整備した「墓地」こそ下藤キリシタン墓地であることも立証された[2]。

リアンは「二つの仏寺と，三つの神の宮」を「統轄」する，在地信仰のリーダーでもあったが，キリシタンに改宗した直後にこれらを焼き払った[3]。さらには「その家族および従僕たち」・「家付きの農民の下男たち」113名をキリシタンにした[4]。こうした様子から，野津院における「村」では，その支配者である野津院衆が村民に対する宗教的統制力を有していたことがうかがえる。

またリアンは下藤村の村長あるとともに，野津院全域の「管理人または支配人のような存在」[5]

である「役人」[6]とイエズス会士は記録するように，野津院衆の主君的存在ではなく，野津院衆と主従関係をもたない議長的，あるいは盟主的存在であったとみられる。

この下藤キリシタン墓地の遺構検出状況において，66基の墓の地上標識のうち，1基のみのC類を除けば，残りの65基に階層性は見取れない。リアンは自分の支配下にある村民をすべてキリシタンにしたが，彼らを平等に埋葬していることは確かである。リアン自身がカトリックの教義である「神の下での平等」を村民に約束し，この墓地を形成したものであろうことは想像に難くない。

(2) 下藤集落キリシタンたちと仏教石塔

先述したように下藤キリシタン墓の配石遺構には，中世仏教石塔の部材を使用するものがある。その点数は166点に及び，そのほとんどは五輪塔部材（地輪）であるが，中には宝塔，板碑とみられる石材も含まれ，時期幅は14世紀半ば〜16世紀末と観察できる。この状況から原田昭一は，平安後期から鎌倉期にかけての散村形態が南北朝期に集村化に向かい，集村することによる村民の精神的紐帯として仏菩薩の信仰が必要となり，その集団である「結衆」による造塔（結衆塔）が，南北朝中葉から室町期にかけて流行するとし，下藤村の集村集落の形成を鎌倉末〜南北朝初頭とする[7]。配石遺構に使用されている石塔石材は，14世紀半ばの下藤村形成諸段階において，この墓地の場所にあった仏堂など仏教施設に付帯していたものと考えられよう。そして1578（天正6）年に「リアン」の改宗とともに仏教的な村民統制である「結縁」の必要はなくなり，この位置にある仏堂はもう一つの「仏寺」とともに破却され，その境内域にあった結衆塔も不要のものとされ，破壊されたものであろう。

しかし，当時のカトリックが「悪魔」とまで表現した仏教信仰の石塔を，キリシタン自らが聖とするキリシタン墓地の構成材料として使用した意図については疑問が残るが，当時のカトリックが西欧においても，かつてイスラム教寺院であった施設を「祝別」することで自らの聖堂とする行為を行っていることを考えれば不思議ではない。この下藤村においても，リアンがそれまで信仰の対象としていた仏教施設を焼却した時，「なぜ，後に教会として使用できる施設

を焼き払ったのか」と糺したのは，ほかならぬあるイエズス会修道士であった[8]。カトリックではたとえ異教徒のものであろうと，人や物を聖とする儀式である「祝別」を行えば，自らの信仰に取り入れることには何の抵抗もなかったのである。むしろ野津院においてはこうした代用理論的な考え方をよしとせず，自らの寺院を焼き払ったリアンのように，「悪魔が奉仕されていた場所」に対し，「郷土に（偽りの）偶像を祀っていたイメージとか痕跡を」一切払拭したい，という感覚が極めて強かったようである。

こうした感覚の中で下藤キリシタン墓地の配石遺構に仏教石塔部材が多数使用されていることは，信仰的な問題ではなく，単に長方形の配石遺構を組むのに便利であったから使用しただけと考えられよう。墓地形成初期段階でこの周辺にあった石塔部材をA類配石遺構形成で使い切ると，荒く整形した板状石材を他所から持ち込み，B類配石遺構にスライドしていく様子がその証左である。この墓地位置に以前存在した結衆塔については，寺院や仏像は徹底破壊したリアンの感覚を以てしても，塔の完存性さえ無くせば，その「結縁」を断つことができるので，キリシタンの「物」として代用することは問題がなかった，というところであろうか。

一方，下藤キリシタン墓地の北東約5kmに位置する「西寒田クルスバ」と呼ばれる平場では，田中裕介らの調査により，平場上面に点在する石材は長方形をした伏碑状墓標であり，そのひとつに干十字の陰刻されるものがあったことから，キリシタン墓地であることが確認された[9]。この西寒田クルスバにおいても，14世紀〜16世紀の板碑，宝篋印塔といった仏教石塔類が確認されているが，下藤キリシタン墓地とは異なり，墓標石材としての転用はほぼ見られず，ある意図を以て破壊され，墓地のある平場の斜面に打ち捨てられた状態で発見されている。

3 中世石塔からみたキリスト教受容・非受容

(1) 残された石塔，破壊された石塔

ところで野津院地域には数多くの結衆塔とみられる中世石塔類が認められるが，これらは完存して残されて現在でも何らかの祭祀の対象になっているものと，完全に破壊されてその部材のみが現地に散乱するものとに確かに分かれる。これらを

地図上に配置してみると，興味深い事実が見えてくる。中世石塔が完存する地域とそうでない地域は明確に区分できるのである。

　まず，中世石塔が完存する地域は，野津院の北東から南西にかけての一帯である（以下「完存地域」）。一方，石塔が破壊された状態，もしくは石塔そのものが存在しないのは野津院の北から南にかけての一帯（非完存地域）である。さらに，現在までの学術研究者による調査でキリシタン遺構と確認されたものは，この「非完存地域」にしか存在しない（図4）。この状況

図4　野津院の中世石塔およびキリシタン遺構分布図

について筆者は，野津院内でもキリスト教を受容する村と，そうでない村があったことを示すものと理解した[10]。仏菩薩との結縁を断つ証が結衆塔の破壊という行為であり，その破壊された石塔部材の使用はおそらく，キリシタンとなった野津院衆である村長の裁量によって決められたものであろう。

(2) キリシタン遺跡と仏教石塔からみた，野津院の地域社会

　宗教受容差によるこの中世石塔の「完存地域」と「非完存地域」が生じている背景に，それぞれの分布特性から，野津院を分割統治する野津院衆の，個々の連帯を形成する「軸」となりうるものが存在していたであろうこと考えてみたい。

　野津院で江戸幕府の禁教令直後も，最終的にキリシタンとして活動していた野津院衆は8人と推測され，彼らが支配していたであろう村は，「非完存地帯」にあたることが考えられる[11]。

　「非完存地帯」の各村（集落）の「軸」は，この地帯を南北に貫通する野津川と，豊後府内（大分市）と日向を結ぶ日向街道といえよう。そして「完存地帯」は臼杵から肥後方面へと通じる街道沿いとなる。その村においては絶対的な支配力をもち大友氏の直属の被官である野津院衆は高い独立性を有しているようだが，こうした交通路を紐帯とする連携を以てそれぞれの支配地の運営に携わり，

大友家への軍役を果たしていたものと想像される。

　下藤キリシタン墓地は，日本で初めてほぼ完全な形で発見され，不明瞭であったキリシタン墓制の解明につながることが期待されているが，それとともに，中世の地域社会が宗教受容によってどう変化するのかを知るモデルケースとしても貴重な存在といえよう。

註
1)　大津祐司「中世の「野津院」と下藤周辺（下藤地区キリシタン墓地形成の背景）」『下藤地区キリシタン墓地』臼杵市教育委員会，2016
2)　松田毅一・川崎桃太 訳『フロイス日本史』豊後編Ⅱ（豊後編第50章），中央公論社，1978
3)　前掲註2，豊後編Ⅱ（豊後編第43章）
4)　前掲註3に同じ
5)　前掲註2，豊後編Ⅲ（豊後編第67章）
6)　F・カリオンによる「1597年度イエズス会日本年報」（松田毅一 監訳『一六・七世紀イエズス会日本報告集　第Ⅲ期第5巻』同朋社，1992）
7)　原田昭一「下藤地区キリシタン墓地周辺における中世・近世石造物」前掲註1書
8)　前掲註3・4に同じ
9)　田中裕介「豊後地域のキリシタン石造十字架碑」前掲註1書
10)　神田高士「下藤地区共有墓地の発掘調査と16・17世紀のキリシタン墓地」『大分県地方史』214，大分県地方史研究会，2012
11)　前掲註10に同じ

高槻城キリシタン墓地の再検討

小林義孝　KOBAYASHI Yoshitaka

地域文化調査研究センター
摂河泉地域文化研究所

被葬者の頭位をもとに小区画を設定し，各グループの性格を検討する。キリシタン墓地の姿がみえてきた

キリシタンの葬送と墓制を考えるうえで，1998年の高槻城キリシタン墓地（大阪府高槻市）の発見は画期的な出来事であった。それまで多くのキリシタン墓碑の存在が確認されていたものの，それが据えられた埋葬の場（墓地）のあり方がはじめて明らかになったのである。

これを契機に，東京駅八重洲北口遺跡（東京都千代田区），中世大友府内町跡（大分市），下藤キリシタン墓地（大分県臼杵市）などで次々とキリシタン墓地が発見される。それらの成果を踏まえ，高槻城キリシタン墓地のあり方を一般化するなかで，キリシタン墓地における伸展葬（寝棺），「側方列状配列」など共通する特徴が抽出されてきた。

しかし高槻城キリシタン墓地の報告を詳細に検討すると，そこに安易な一般化を拒否する個別の性格を見出すことができる。

小文の目的は，発見から四半世紀を経た高槻城キリシタン墓地の発掘調査の成果を，2023年の時点で再検討し，そこで析出される墓地の構造，埋葬施設のまとまりの意味，さらに被葬者集団のあり方を再考することである。

1　高槻キリシタン墓地の構成

高槻城キリシタン墓地では，主軸を南北にそろえた27基の木棺墓が検出され，棺の蓋に記された「二支十字」の墨書や副葬されたロザリオの存在からキリシタンの墓地であることが判明した。調査担当者の高橋公一・宮崎康雄による報告書『高槻城キリシタン墓地』[1]（以下，『報告書』と表記）では過不足ない情報が提供され，この遺跡の性格やその意義についても詳細に検討されていた。

日本考古学史上においてはじめて発掘調査によって発見されたキリシタンの墓地の事例であり，その後の研究に及ぼした影響は大きい。しかし，現在のキリシタン墓研究のなかでこの遺跡の情報が正確に共有されているのか，疑問に思うことがある。ここでは，再度『報告書』に立ち戻って，この遺跡の実態を整理したい。

(1)　範囲，規模と年代

調査区は東側のA区と西側のB区に分かれ，A区は幅約6mの空閑地（道路）をはさんで北群は4列16基，南群は3列8基，B区は1列3基で構成されている。B区で検出された溝1は墓地の西と南を限るものであり，溝1の東肩部と墓群の西端であるS9号墓の間に約8.5mの空閑地が想定される。墓地の東限は，1988年に実施された発掘調査で検出された高山右近時代の南北方向の「堀」であると推定される。この堀の想定される肩部からS9号墓までの距離は約80mを測る。堀端も土塁や空間地の存在が予想される。これらのことから『報告書』では，この墓地の東西の長さを50m程度としている。

A区北群の南北の検出された長さは，10m前後である。北側への広がりは明らかでない。しかし南群の南側への広がりは溝1の延長上のラインで規定されるとすると，北群，南群ともに10m前後に想定できる。さらに両群の間の空閑地の長さ約6mを加えると，この墓地の南北の長さは26m前後になる。

東西約50m×南北26m＝面積1,300㎡が，『報告書』で推定された墓地の規模である。

この墓地は，西側に所在した教会に付属したもので，その年代について『報告書』では，高山右近の父ダリオが高槻城主になった1573（天正元）年を上限とし，右近が明石に転封された1587（天正13）年までは確実に存在し，その後の安威了佐の時代にもある程度存続していただろうとする。

(2)　墓地の構成

検出された木棺墓は，墓の長軸を南北方向にもち，隣り合う墓壙は一定の距離を保ちながらも，相互に重複することはない。南北方向の並びは長軸がずれるものもあるが，東西方向は列として連続し整然と配列されている。

埋葬された遺体の頭位方向にも規則性がある。人骨や歯などによりに頭位が確認できる木棺は，北群では7基，南群では11基ある。そのうち15

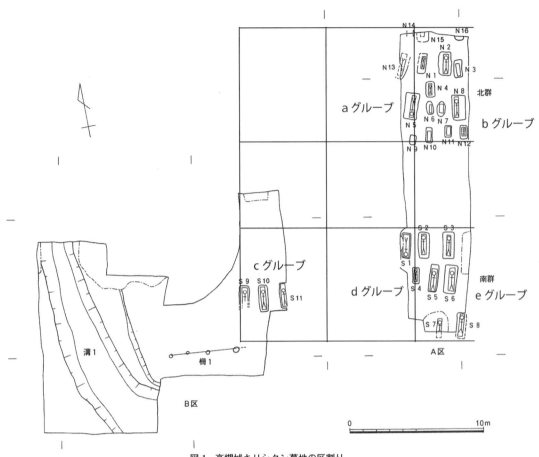

図1　高槻城キリシタン墓地の区割り

基が北頭位であるが，A区の西壁際で検出され
た3基の埋葬施設（N5号墓，N13号墓，S1号墓）は
南に頭位をもつ。

　この遺跡では，北頭位のグループと南頭位のグ
ループが存在することが『報告書』では明確に指
摘されている。A区北群の西側には，頭位を南
にもつN5号墓，N13号墓が属するグループが所
在していた。

　A区南群でも，S1号墓より西側に南頭位のグ
ループが存在していたと推測される。しかし，
さらにその西側に位置するB区の3基（S9号墓，
S10号墓，S11号墓）は北頭位である。S1号墓が属
する南頭位のグループの西側に，北頭位のグルー
プが存在したとみられる。

　これまでのキリシタン墓地の研究では，高槻城
キリシタン墓地の頭位の問題はさほど注意されて
こなかった。北頭位を主流とするとか，さらに
『報告書』の情報を誤認したのか，すべて北頭位
として分析している論考もあるほどである。それ
は高槻城キリシタン墓地ほど遺骨の保存状態がよ

く，頭位や埋葬姿勢が明確にできる事例がほとん
どなかったことから，被葬者の頭位に注意が及ば
なかったためであろうか。

　頭位に注目すると，南北の頭位の違いによって
墓地が区分けできると考える。これまであまり注
目されてこなかったこの南北の頭位の違いによる
墓のグループの発見は，高槻城キリシタン墓地の
意味を大きく更新するものと思う。高槻城キリシ
タン墓地では，頭位の違いにより五つの墓のまと
まりを抽出することができる。aグループ（A区
北群の西側，南頭位），bグループ（A区北群の東側，
北頭位），cグループ（B区，北頭位），dグループ
（A区南群の西側，南頭位），eグループ（A区南群の
東側，北頭位）である。

　グループの規模は，B区cグループ西端のS9
号墓とA区南群のdグループの東端にあたるS1
号墓の距離は約14m，これらが二つのグループ
の西端と東端にあたり，その距離の2分の1の約
7mが2つのグループの東西の長さになる。さら
に墓地全体の東西の長さ50mを7mで除するお

おむねと7となる。これは一つの目安に過ぎないが，高槻城キリシタン墓地は東西14のグループにより構成されていたのであろうか。

2 被葬者・棺・副葬品

(1) 被葬者の人骨

高槻城キリシタン墓地では，木棺とともにそこに納められていた被葬者の人骨の遺存状態も良好であった。27基の木棺墓のうち人骨が遺存していたものが15基にものぼり，歯が確認できたものを含めると22基を数えることができる。ここからは，被葬者の性別，年齢，木棺内の被葬者の姿勢など多くの情報を得ることができる。

男女の性別は13基の木棺墓で確認でき，男性8例，女性5例である。

次に被葬者の年齢である。大人の被葬者が14例確認でき，老年（60歳以上）2例，熟年（40〜60歳）5例，壮年（20〜40歳）6例，そのほかに成人が1例となる。また幼児（1〜6歳）が8例確認されている。これらは小形の木棺に納められていた。

この墓地では，全体としてみると男女の比率や年齢比に特徴的なことはみられないが，南群では男性の比率が高く，北群では幼児の比率が高い，という傾向は認められる。しかし，墓地内部の各グループに細分して性別や年齢をみるとその比率に偏りがみられる。すでに『報告書』では，この墓地には「ごく一般的な集団の人々が葬られたが，その配置にはなんらかの約束事があったことを示して」おり，「墓坑の配列や頭位にみられた規則性と同様に，埋葬者の配列においても，あるきまりに則って，墓地が成り立っていた」と指摘されている（97頁）。

(2) 被葬者の埋葬姿勢

高槻城キリシタン墓地において，被葬者は特異な姿勢で納棺されている事例がみられる。伏臥（うつ伏せ）で納棺された事例が，それも仰臥（仰向け）のものに対して一定の割合で確認されているのである。ここで人骨が確認された22事例のうち，埋葬姿勢が確認できるものをみると仰臥が9例であるに対して伏臥4例を数え，埋葬姿勢確認事例の3割を占める。

なぜ伏臥（うつ伏せ）という特異な姿勢で埋葬されているのか，どのような意味があるのかは，現状では明らかにすることはできない。また，現在までに人骨が確認されているキリシタン墓の事例

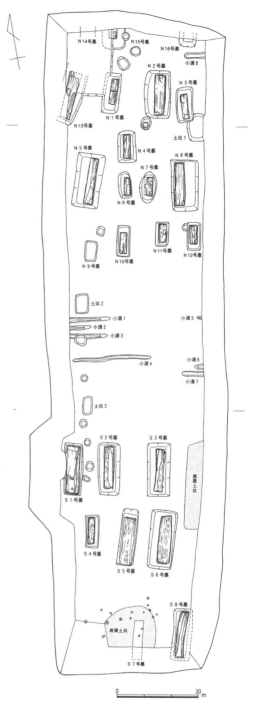

図2 a・b・c・eグループの配置

が著しく少ない状況において，このことがキリシタンの墓において一般化できるかどうかも今後の課題である。

ルイス・フロイスは『日欧文化比較』において，「われわれの棺は細長」く「われわれの死者は顔を上に向けて横たえられる」と記し，伸展の仰臥

表1 出土人骨一覧（註1に一部加筆）

墓番号	性別	年齢	推定身長	埋葬姿勢	主な出土部位	備　考
N1号墓	不明	幼児	不明	不明	永久歯、乳歯	
N2号墓	女	熟年	140cm程度	伏臥伸展	ほぼ全身	
N3号墓	不明	幼児	不明	不明	永久歯、乳歯	
N4号墓	不明	幼児	不明	不明	永久歯	
N5号墓	男	壮年	155cm程度	仰臥伸展	ほぼ全身	発掘時左上肢失う
N6号墓	不明	幼児	不明	不明	永久歯、乳歯	
N7号墓	不明	幼児	不明	不明	乳歯	
N8号墓	女	老年	145～150cm	仰臥伸展	ほぼ全身	ロザリオを右手に装着
N11号墓	不明	幼児	不明	不明	永久歯、乳歯	
N12号墓	不明	幼児	不明	不明	乳歯	
N13号墓	不明	熟年	不明	不明	大腿骨片、永久歯	
S1号墓	男	老年	155～160cm	仰臥伸展	ほぼ全身	蓋に十字架の墨書
S2号墓	女	熟年	不明	伏臥伸展	ほぼ全身	
S3号墓	女	壮年	150cm程度	伏臥伸展	ほぼ全身	棺底無く桟木留め
S4号墓	不明	幼児	80～85cm	仰臥伸展	ほぼ全身	足元に木葉痕跡あり
S5号墓	男	壮年	155～160cm	伏臥伸展	ほぼ全身	
S6号墓	男	壮年	165cm程度	仰臥伸展	ほぼ全身	棺内からロザリオ出土
S7号墓	男	成人	不明	不明	右下肢破片	廃棄土坑で壊される
S8号墓	男	熟年	155～160cm	仰臥伸展	ほぼ全身	棺底西半は竹棒を使用
S9号墓	男	熟年	150cm程度	仰臥伸展	ほぼ全身	井戸1に膝下を壊される
S10号墓	男	壮年	155cm程度	仰臥伸展	ほぼ全身	
S11号墓	女	壮年	155cm程度	仰臥伸展	ほぼ全身	

（仰向け）で埋葬されたと認識されている[2]。日本中世の木棺墓（土葬）においても，被葬者の埋葬姿勢を明らかにできる事例においては仰臥（仰向け）か横臥（横向き）で納棺されている。このように被葬者の埋葬姿勢は洋の東西を問わず仰臥か横臥であることが，ある意味これまでの所与の前提であった。伏臥の意味は明らかにできないが，少なくとも『日欧文化比較』では仰臥が当然のごとく記されている。天上ではなく地下を向いて葬られる，このことの意味はキリスト教の教説とどのように関わるかは不勉強な筆者には理解できない。しかし，一般的に考えて積極的な意味には評価をしにくいものと考えられる。

高槻城キリシタン墓地において，伏臥（うつ伏せ）という埋葬姿勢が確認されていたことにふれた研究は管見の限り見当たらない。

(3) 木 棺

27基の墓のほとんどから木棺が確認されている。これらは画一的な規格に基づくものでなく，被葬者の身長を基準として，遺体を納めるために必要最小限の大きさで製作されたという。さらに材料として転用材を使用し，「とにかく棺を仕立てることを目的に，技術的に未熟なものたちによって製作」（『報告書』104頁）された。底部は「梯子状の桟木で底板とするもの（S3号木棺桶）や，棺底の縦半分を竹棒でまかなうもの（S8号木棺桶）」（103頁）もあり，その作りに精粗の大きな差異を見いだすことできる。

しかし，蓋板はすべての事例で一枚板が使用されていたことの意味を『報告書』では大きく取り上げる。棺が単に遺体を納めるだけのものではなく，葬送の儀式において重要な役割をもつものと推測されている。ルイス・フロイスの『日本史』には高槻で二人の貧民が死亡した際，高山右近の父ダビデは棺を製作させ，その納める棺を作ることから葬送がはじまる[3]。このことは，高槻城キリシタン墓地で検出された木棺から得られた情報と整合的である。

(4) 副葬品

キリシタン墓から副葬品が出土することは稀で

ある。これまでのキリシタン墓の調査事例からみて，そのことがキリシタン墓の大きな特徴の一つである。それは高槻城キリシタン墓地でも同様であった。遺物が検出されたのは老年女子を被葬者とするN8号墓では，仰臥姿勢の被葬者の右手首周辺から木製の珠が多数出土した。ロザリオを付して埋葬したと推定される。壮年男子が葬られていたS6号墓の棺内の埋土から，木製の珠など4点が出土している。

また棺内の遺物ではないが，老年男子を被葬者とするS1号墓の蓋板の外面，被葬者の頭部の上方に当たる部分に「二支十字」の墨書されている。S1号墓の棺に使用された板材は，他とくらべて圧倒的に厚く破格なものである。

S6号墓の事例はさておくとしても，ロザリオを身に着けたN8号墓の被葬者と棺に十字架を記したS1号墓の被葬者はキリスト教の信仰と深い関わりを想定できる。

3　被葬者グループの様相

(1)　各被葬者グループ

高槻城キリシタン墓地の発掘調査範囲から，被葬者の五つのグループを見出した。

aグループ（南頭位，A区北群の西側）は成人2基と幼児1基（もしくは2基・bグループに属すると解釈するN10号墓は，『報告書』では底板の傾斜から，南頭位の可能性が示唆されている）。N5号墓の被葬者は，壮年男性で仰臥姿勢で埋葬されていた。

bグループ（北頭位，A区北群の東側）は，12基の墓が確認されている。N8は仰臥姿勢の老年の女性でロザリオを身に着けて埋葬された。N2号墓の被葬者は伏臥姿勢の熟年女性である。幼児の埋葬が7～8基確認されており，幼児を被葬者とする墓が圧倒的に多い。

cグループ（北頭位，B区）は熟年と壮年の男性2基と壮年女性1基が確認されている。いずれも仰臥姿勢で埋葬されていた。

dグループ（南頭位，A区南群の西側）S1号墓のみ検出。老年男性が仰臥姿勢で埋葬されていた。蓋板の外面の被葬者の頭部にあたる部分に十字架が墨書されていた。

eグループ（北頭位，A区南群の東側）は成人を中心に7基の埋葬主体（幼児が1基）が確認されている。S6号墓は仰臥姿勢の壮年男性で，身に着けた状況でロザリオが出土している。S4号墓も仰臥姿

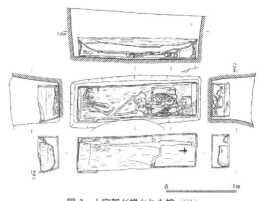

図3　十字架が描かれた棺（S1）

勢の幼児，S8号墓も仰臥姿勢の熟年男性が被葬者であり，棺底板の半分は竹棒を使用していた。S2号墓とS3号墓は熟年と壮年の女性の被葬者を伏臥姿勢で埋葬していた。S3号墓は棺の底板に代わって桟木を使用していた。S5号墓も伏臥姿勢の壮年男性。S7号墓は成人男性を被葬者とする。

(2)　墓地内の小区画の被葬者数

各グループは南北10m，東西7m，おおむね70㎡ほどの面積の小区画を占有していると想定される。bとeのグループではそれぞれ12基，7基の埋葬主体が確認されている。b・eのグループの調査範囲は東西4.5m前後を測り，それぞれ本来の3分の2の面積を調査されたことになる。bグループは本来十数基，eグループはbグループよりやや少ない埋葬主体で構成されていたと推測される。これが高槻城キリシタン墓地の小区画における，それぞれのグループのおおよその被葬者数であると推測される。

(3)　各グループの特徴

まず，埋葬主体の数の多いbグループとeグループを比較する。

bグループは，成人女性2基が確認されたのに対して幼児の埋葬主体の数が圧倒的に多い。これに対して，eグループは成人の男女が圧倒的多数を占める。さらにbグループでは，調査範囲内では大人の被葬者は女性のみで男性は発見されていない。このグループは，幼児と女性が主体である可能性が高い。

eグループは成人男性4と成人女性2，幼児が1という構成である。大人の被葬者が圧倒している。

d・e二つグループのこの違いは，墓地内の小区画を葬地とした被葬者集団の性格の違いが反映していると認識することは当然である。

bグループは，ロザリオを身に着けた女性の埋葬施設を中心に幼児が多く葬られている。豊後国府の事例のように，育児院に類する機関・施設に関わるものであろうか[4]。

これに対して，eグループは成人を中心とするグループである。しかし，各埋葬主体の状況に違いがあることは明らかである。S3号墓とS8号墓の二つの埋葬施設の棺の底部の粗雑な状態（板ではなく桟木や竹棒の使用），S2・S3・S5号墓の三つの埋葬施設では，被葬者が伏臥の姿勢で葬られたことも注目される。eグループにおいて，埋葬姿勢が明らかになった事例6例の半分が伏臥であった。

筆者はかつて，小区画を占有した集団は血縁を前提とする家族的なつながりをもつものと考えたことがある。しかし，bグループとeグループの被葬者の構成の差異をみると，これは家族的なまとまりではなく，教会の支配下にある集団の性格の違いに起因していると考えるのが妥当であろう。

4　まとめにかえて
―高槻城キリシタン墓地の復元―

高槻城キリシタン墓地の『報告書』を，現時点（2023年）でのキリシタン墓の研究成果を踏まえて再検討した。

従前の研究でさほど注目されなかった被葬者の頭位―北向きか南向きか―をもとに，キリシタン墓地の内部の区画分けをおこなった。そして，各区画を占有する被葬者のグループの性格を一定明らかにできたと考える。幼児を多く含むグループ，大人を基本とするが，被葬者の葬り方の差異が認められるグループなど，高槻の教会組織の在り方が墓地に投影されたものと考える。さらにロザリオという信仰具を身に着けて葬られた被葬者，棺蓋に十字架を記された被葬者，天上ではなく地下を向いて伏臥姿勢で葬られた被葬者，これらの差異は何に起因するのか，という課題も残された。

ルイス・フロイス『日本史』[5]には，高槻で死亡した二人の貧民の葬送について克明に記されている。「貴賤男女のキリシタン全員を招集し，死者たちを葬るため，一堂，自宅から蝋燭を点した提燈を持参するように，と言った。そして（ダリオ）と城主であるその息子右近殿は，新たなキリシタンたちの許で，棺を担う敬虔な行為が習慣になると，この蔑視されている賤しい聖の役を（自ら）引き受けた。」

ここには，貴賤男女を問わず神のもとに平等に扱われている姿が描かれている。さらに『報告書』が指摘しているように，「すべてが同じ方法（木棺直葬）で葬られている点に注目すれば，きわめて等質的な墓地」であることは明らかである（114頁）。これらを踏まえると，高槻城キリシタン墓地における被葬者間の一定の差異は社会的な身分や政治的・経済的要因によるのではなく，教会内部の規範や秩序によるものであろうか。小文における問題提起としておきたい。

ダリオは，「埋葬のため，城外に一大墓地を設け，さっそく死者たちの頭上に，それぞれ木製の十字架を置かせ，（さらに）その同じ墓地に，一基の大きく，かつ非常に美しい十字架を立てさせた」という[6]。

墓地を南北に分ける道路の西端，教会との間を画す溝1の内側に大十字架を立てられ，各埋葬施設は横向きに造られていた。東西に埋葬施設が列を整えるのは，墓地に立てられたという大十字架の場所を意識してのことであろうか。これは一つの想像である。

小区画の範囲を越え墓地全体で東西方向に列を整えながらも，被葬者の頭の位置に立てられた小形の十字架の列は，小区画ごとに埋葬主体（墓）の北部と南部に分かれるという景観が復元される。

これらが現状で復元される高槻城キリシタン墓地の姿である。

*

最後に一言。すばらしい『報告書』の存在が，その刊行後四半世紀の現在においても小文における再考を可能にした。現場調査から報告書作成にいたる精緻な作業を担った当時の調査担当者の方々に深く敬意を表します。

註

1)　高橋公一・宮崎康雄ほか『高槻城キリシタン墓地―高槻城三ノ丸郭北地区発掘調査報告書』高槻市文化財調査報告書22，高槻市教育委員会，2002
2)　ルイス・フロイス 著（岡田章雄 訳注）『ヨーロッパ文化と日本文化』岩波書店（岩波文庫），1991
3)　ルイス・フロイス 著（松田毅一・川崎桃太 訳）『日本史』4（五畿内篇Ⅱ）中央公論社，1978，第45章
4)　田中裕介「イエズス会府内教会の歴史から」『豊後府内6―中世大友府内町跡第10次調査区』大分県教育庁埋蔵文化財センター，2007
5)　前掲註3に同じ
6)　前掲註3に同じ

キリシタン墓の副葬品

後藤晃一　GOTO Koichi
大分県立埋蔵文化財センター

キリシタン墓からは，特徴的な副葬品が出土している。具体的な資料を挙げながらに検討し，その特徴にせまる

キリシタン墓から副葬品が出土する例は極めて少ない。例えば大阪府高槻城キリシタン墓地から発見された27基のキリシタン墓のうち，副葬品が確認されたのは2基のみである[1]。また東京駅八重洲北口遺跡で発見された10基のキリシタン墓のうち，副葬品が出土したのはやはり2基のみであった[2]。大阪府千提寺では千提寺西遺跡3・4区で10基，同5区で9基，千提寺市阪遺跡2区で2基，千提寺クルス山遺跡1区で8基のキリシタン墓を検出したが，布教期の副葬品が出土したものは1基もない[3]。

こうした状況は，仏教式の埋葬と異なり，そもそもキリシタンが副葬品を供えること自体が少なかったことも考えられるが，副葬品の材質も起因していることが考えられる。つまり，木製など有機質でできているものは，土中で残存しにくく，結果として消失してしまった可能性がある。

また，仮に墓坑内に残っていたとしても，こうした有機質でできた副葬品は，完全な形をとどめていないことが多い。したがって，キリシタン墓から出土する副葬品は，それが何であるかの判断自体が困難な場合も多いのである。

そこで本稿では，副葬品の具体的出土例を挙げながら，キリシタン墓の副葬品の捉え方について考察していきたいと思う。

1 キリシタン墓から出土した副葬品

これまで確認されている副葬品は，ロザリオ，メダイ，十字架といった信心具が中心である。まずはロザリオについてみてみることとする。

ロザリオ（コンタツ） ロザリオはキリシタンが所持する数珠で，祈りの数を数えるのに使用する。数珠の珠をコンタ，複数でコンタツと呼ぶ。墓坑から出土する際は，珠のみが確認されることが多いので，以後コンタツと呼称することにする。

コンタツが出土しているキリシタン墓としては，前述の高槻城キリシタン墓地，東京駅八重洲北口遺跡があげられる。まずは高槻城キリシタン墓地

出土のコンタツからみていくこととする。

コンタツは2基から出土しているが，まとまって出土したN8号木棺墓資料についてみてみると，小珠約90個，大珠2個，変形珠3個が出土しており，埋葬されていた人骨の右手首付近に集中していることから，埋葬時右腕に装着していたものと推定されている。すべて木製であるが残存状況がよく，図1のように組まれていたと考えられている。ロザリオは通常，十字架が付けられたり，メダイが付けられて使用されていたことが，フロイスの「日本史」の記述にも出てくるが，高槻城キリシタン墓地から出土したものについては，図1のように変形珠と大珠を組み合わせて十字架を構成していたと考えられる。これについては，大分市丹生で壺の中から発見されたコンタツにも類例が認められ（図2），やはり組み合わせて十字架を構成している。

次に東京駅八重洲北口遺跡では，2基からコンタツの出土が確認されているが，まとまって出土した1404号墓についてみてみる。ガラス製の小珠が49点，木製珠が2点出土している（図3-2・3），ガラス小珠（図3-1）はいずれも覆土の水洗時に確認できたもので，出土状況は不明である。また，この1404号墓からは，無原罪のマリアを描いた青銅製メダイが共伴して出土している。

以上の2遺跡で確認されている資料は，いずれも多数の珠の出土と十字架を構成する変形珠の存在，あるいはメダイの共伴などから，コンタツ（ロザリオ）である可能性は高いと考えられる。

ところでコンタツのガラス珠については，よく知られる形状として，カボチャ（花）形（図4）がある。長崎県興善町遺跡（長崎市）[4]，原城跡（南島原市）[5]，大分県中世大友府内町跡（大分市）[6]などから出土している。興善町遺跡は同じ遺跡内から錫製の十字架，花十字瓦がともに出土している。原城跡は1637（寛永14）年の島原の乱の舞台となった遺跡で，コンタツ以外にもメダイ，十字架，聖遺物入など多数のキリスト教信心具が出土している。中世大

友府内町跡はキリシタン大名大友宗麟の城下町跡で，キリシタン墓が発見されており，コンタツ出土地点の付近からは多数のメダイが出土している。

以上のように，これらの遺跡から出土しているカボチャ形のガラス珠は，いずれも出土した周囲の環境がキリシタン遺物を出土しうるものとなっているところで共通しており，キリシタン遺物の可能性は高いといえよう。そこでしばしば問題となるのが，このカボチャ形のガラス珠が単体で墓から出土した場合である。例えば大阪府千提寺西遺跡では1基の墓からカボチャ形のガラス珠が出土している。前述のようにこの遺跡では，19基のキリシタン墓を検出しており，周囲の環境的にはコンタツであってもいい状況である。しかしながら，このカボチャ形のガラス珠が出土した土壙は共伴する遺物に18世紀のものが含まれ，キリスト教布教期のものではない。さらに，埋葬は座位による土葬でキリシタン墓的要素は見られない。また1点のみの出土で，これがロザリオを構成していた一部と考えるのは難しい。仮に出土したガラス珠以外がすべて木製で消失したとしても，ガラス珠1個で残りはすべて木製珠というロザリオは類例をみない。江戸時代では，印籠や煙草入れの緒締にガラス珠が使用される場合があり，その場合はガラス珠1個が用いられる。千提寺西遺跡出土のガラス珠は煙管と共に出土しており，そちらの可能性が高い。

このようにカボチャ形と言われるガラス珠は，必ずしもキリシタン遺物にだけ確認されるものではない。同じように同形態のガラス珠が山口県山口市所在の瑠璃光寺跡遺跡の仏教的土葬墓から銅銭と土師質土器と共に出土しており[7]，北海道千歳市美々8遺跡からはアイヌの所持品としてのガラス珠に同形態のものが見られる[8]。つまりまったく同形態のものでも，それを所持する人，あるいは付属するものによってそのガラス珠のもつ意味は大きく変わってくるのである。したがってコンタツがコンタツであるかどうかの判断基準については，それが出土する周囲の環境がキリシタン遺物として位置づけられるものであることが前提となるが，さらには出土時期や共伴遺物などの諸要素がすべてキリシタン的ものとして認定されて初めてコンタツと認定できるのである。

メダイ メダイとは金属製の円盤状製品，つまりメダル状のもので，表裏にキリストやマリア，聖人などが描かれる。そして上部に提げ環が付き，紐などを通すようになっているところが特徴である。

メダイの遺跡からの出土例は数多く見られるが，キリシタン墓から出土した例は少ない。東京駅八重洲北口遺跡と岩手県福原遺跡（奥州市）に出土例が認められるのでそれらについて見てみる。まず東京駅八重洲北口遺跡出土メダイ（図5）は，層位的所見から16世紀第4四半期〜17世紀極初期に位置づけられる。図像は一方の面に無原罪の聖母，反対側の面は判別できない。提げ環はメダル面に向かって正面方向に穿孔される。

素材は報告書によれば，蛍光X線分析の結果青銅製とされている。また，鉛同位体比分析では，華南領域近く，あるいはスペインバルセロナのカタルーニャ美術館所蔵メダイの産地領域に近い値を示しているが，現段階では明確な領域確定はできない。これまでのところ無原罪の聖母を描いているメダイは，その大半が真鍮製で，素材は西洋産素材を使用しているものが確認されている。したがって，図像だけをみると当時の舶来品の可能性が高いが，素材からみると国内製か舶来品か判別できない。当時舶来したものを日本で踏み返して鋳造した可能性，あるいは日本以外のアジア製という可能性も含め，今後検証が必要であろう。

次に福原遺跡出土メダイについてみてみる[9]。遺跡の立地する場所は，キリシタン武将後藤寿庵の居館が置かれた本拠地である。ここから伸展葬の墓跡群が検出され，そのうちの1基からメダイが出土している。メダイは一面には「磔刑のキリスト像」が鋳出されており，もう一方の面は腐食が激しく不明である。素材は鉛・錫製とされている。鉛同位体比分析は行われておらず，素材の産地は不明である。この福原遺跡出土メダイとほぼ同じサイズで同形態，さらには同じ「磔刑のキリスト像」を一面に描き，反対の面に「無原罪の聖母」を描くメダイが池永孟氏コレクション（神戸市立博物館所蔵）にある。蛍光X線分析は行えていないが，実見したところ鉛・錫製の可能性が高い。したがって両者の関係が近いものであれば，福原遺跡出土資料の判別しない面の図像は，無原罪の聖母の可能性がある。その場合，無原罪の聖母の図像から考えると，前述の東京駅八重洲北口遺跡出土メダイと同様，舶来，国内製の両方の可能性を考えておく必要がある。鉛・錫製のメダイについては，布教期，とくにバテレン追放令以前

に作られたものはその大半が，国内製であること が判明している[10]。そしてバテレン追放令以降は， 舶来の真鍮製メダイが数多く入ってくる。した がって，素材の視点から見れば，当該メダイは国 内製と考えるのが無難であるが，無原罪の聖母は 前述のように舶来の真鍮製メダイによく見られる 図像であり，舶来の可能性も皆無ではない。将来 素材の産地がわかれば判明することが期待できる。

十字架　布教期の十字架は，出土資料や伝世資 料に確認されるものは金属製，木製のものが主体で， 十字架単体では金属製品が中心である。木製のも のは，前述の高槻城キリシタン墓地出土例のように， 木製珠を組み合わせて十字架を構成するものが多い。

　キリシタン墓の副葬品として，出土しているも のには，今のところ十字架単体のものは確認でき ていない。木製のものも，十字架と確認できるも のは高槻城キリシタン墓地出土例以外ない。金属 製のものは，土中で錆びたとしてもまったく消失 してしまうとは考えにくく，これまで確認されて いるキリシタン墓の数からみると，ほとんど副葬 されていないと考えるのが妥当であろう。一方， 木製のものは，高槻城キリシタン墓地出土例のよ うに，環境がよければ残存する可能性もあるが， 土質によってはまったく消失してしまう可能性も 考えられるため，確認されていないキリシタン墓 にもあった可能性は否めない。よって，キリシタ ン墓に副葬された十字架は，木製のものが主体で あったと考えられ，さらにキリシタン墓以外の出 土資料や伝世資料に，木製の単体十字架があまり 確認されていないことを考えると，キリシタン墓 に副葬されていた十字架は，ロザリオの一部とし て木製珠で構成された十字架であった可能性が高 いといえるであろう。

2　千々石ミゲル夫妻伊木力墓所出土資料の検証

　前述のキリシタン墓内で確認されたロザリオ， 十字架，メダイなどの遺物は比較的判別が容易に 行えた資料であるが，遺物によっては残存状況が 部分的でその遺物の判別が困難なものもある。

　近年調査が行われた千々石ミゲル夫妻伊木力墓 所で興味深い資料が出土しているので，それにつ いて検証していくこととする。

　千々石ミゲル夫妻伊木力墓所では2基の墓が 発掘されているが，副葬品はそのうちの1基，1 号墓から出土している。1号墓から出土した遺物

は，アルカリガラス板1点（図6上），繊維片，紙 のようなもの，ガラス珠類59点である。ガラス 珠は大きさから3種類に分類でき，直径5mm前後 （白色珠，青色珠），4mm前後（紺色珠・黒色珠），3mm 以下の（琥珀色珠）からなる（図6下）。このほかに， 長持ちの金具や釘などがあるが，それらは棺とし て使われたもので，副葬品からは除外する[11]。

　上記のアルカリガラス板，繊維片，紙のような もの，ガラス珠からなる資料とは何であろうか。 ガラス玉は前述のようにロザリオの珠として使わ れるので，その可能性があるが，ガラス板と繊維 片はそれでは説明がつかない。そこで，ロザリオ とは別にこうした構成からなる資料として，興味 深い類例があるので，それをみていくこととする。

　その類例とは，神戸市立博物館所蔵の福井医家 伝世資料の中にある「笞打ちのキリスト図聖牌」 と呼ばれている資料である（図7）。長径は，上部 のリング部分まで入れると4.5cm，本体部分では 長径4.3cm，短径3.3cmである。周囲を糸状のも ので装飾し，「笞打ち」キリスト図を描いた銅版 画が填め込まれている[12]。銅版画は上にガラス板 がかぶせられているが，割れており，半分ほど欠 損している。ガラス破損の時期は不明であるが， 当時から一部欠損していた可能性もある。

　周囲の装飾部分については約2.5mmの青色ガラ ス珠が側面に24個，同じく青色のガラス珠が， ガラス板の周囲に24個確認できる。側面のガラ ス珠とガラス板周辺のガラス珠は同サイズ，同色， 同種のガラス珠と考えられる。また周囲と側面の 青色ガラス珠の間を繋ぐように，灰黒色のリング 連結状の装飾が糸を覆っており，その数は，やは り同じく24個である。聖画を覆うガラス板が破 損しているために，裏返すことができず，裏面に ついては不明である。ガラス板の正確なサイズは 周縁部が装飾の下にはめ込まれているため不明で あるが，長径3cm，短径2cmほどと考えられる。

　もし仮にこの「笞打ちのキリスト図聖牌」が 千々石ミゲル夫妻伊木力墓所のような土中にあっ たとしたら，まず中の銅版画は残存しないだろう。 また周囲を装飾していた糸状の繊維，ビーズ珠を つなげていた糸なども残りにくいであろう。した がって，この資料が土中で残るとしたら，楕円形 のガラス板の破片と青色のガラス珠および灰黒色 のリング連結状の装飾ということになる。

　「笞打ちのキリスト図聖牌」の青色珠について

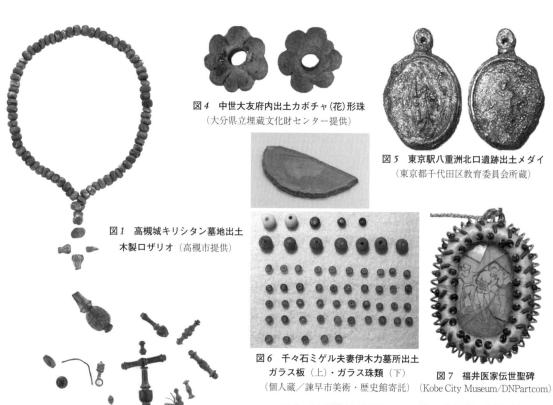

図1　高槻城キリシタン墓地出土
木製ロザリオ（高槻市提供）

図4　中世大友府内出土カボチャ（花）形珠
（大分県立埋蔵文化財センター提供）

図5　東京駅八重洲北口遺跡出土メダイ
（東京都千代田区教育委員会所蔵）

図6　千々石ミゲル夫妻伊木力墓所出土
ガラス板（上）・ガラス珠類（下）
（個人蔵／諫早市美術・歴史館寄託）

図7　福井医家伝世聖碑
（Kobe City Museum/DNPartcom）

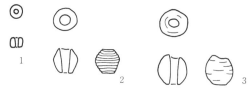

図2　大分市丹生出土コンタツ（日本二十六聖人記念館所蔵）

図3　東京駅八重洲北口遺跡出土ガラス珠（1）・木製珠（2・3）
（註2より転載）

図8　大分市丹生出土ガラス板（日本二十六聖人記念館所蔵）

は，千々石ミゲル夫妻伊木力墓所出土の琥珀色珠にサイズも近い（図6下）。しかもガラス板の下には銅版画の聖画が入れられており，千々石ミゲル夫妻伊木力墓所出土遺物に紙のようなものが残っている点とも符合する。したがって千々石ミゲル夫妻伊木力墓所出土遺物は，「笞打ちのキリスト図聖牌」のようなものが可能性として考えられる。

また，千々石ミゲル夫妻伊木力墓所で出土しているガラス板については，酷似するものが日本二十六聖人記念館に所蔵されている。

ガラス板は大分市丹生から出土し，2枚ある。いずれも長径3.4cm，短径2.6cmで同サイズである（図8）。さらに両者ともに縁辺部を押圧剝離で楕円形に成形している。その結果断面が台形状の形態をなしており，一方の面がわずかであるが広

くなっている。つまり，このガラス板には，平らで若干面積が広い面と加工痕が残り面積が狭い面の上下が存在していることを意味する。今後は加工痕の残る狭い方を上面，平らで広い方を下面と呼称してすすめる。図8左はガラス板上面の写真で，楕円状に紙か繊維のようなものが付着している。図8右はもう一枚のガラス板下面の写真で，紙のようなものが弧を描いて付着しているのが確認できる。

こうしたガラス板の形態で，紙や繊維質のものが付着する可能性のあるものとして考えられるものに，前述のような聖牌もしくは聖遺物入がある。とくに図8右に見られるようなガラス板下面に紙のようなものが付着している状況は，聖画のようなものにガラス板が被さっていた可能性を示唆するものである。この丹生の資料は，入ってい

た同じ壺に，金属製の聖遺物入が確認できていないため，周囲が刺繡など繊維質のものできた前述の「笞打ちのキリスト図聖牌」のようなものが想定される。つまり聖牌の繊維質などの有機質部分が腐敗消失してしまい，ガラス板のみが残ったと考えられる。

ここで，再度千々石ミゲル夫妻伊木力墓所出土のガラス板を見てみると，形状は共に楕円形で共通する。サイズは推定千々石ミゲル妻墓所出土遺物の方が3分の2ほどを欠損しているために，正確には把握できないが，合わせてみるとほぼ同サイズである可能性がある（口絵5・6参照）。

次に加工については，共に押圧剝離によってなされており，共に断面台形状をなす。加工痕の残らない平らな面（下面）の方に，丹生出土遺物は紙のようなものが付着しており，この面が聖画に接していた面と考えられるのに対し，千々石ミゲル夫妻伊木力墓所出土遺物の方も下面に何かが接していた痕跡が残っていることから，この点も共通している。

これらのことから，千々石ミゲル夫妻伊木力墓所出土遺物のガラス板は，キリシタン遺物である丹生出土ガラス板と形態的にも，技法的にも共通しており，非常に近い性格のものであることが考えられる。さらに言えば，丹生出土のガラス板が聖牌のものである可能性が高いことを勘案すると，千々石ミゲル夫妻伊木力墓所出土遺物のガラス板も同様のものである可能性が示唆される。

以上，類例資料とガラス板の両側面から検証した結果，千々石ミゲル夫妻伊木力墓所出土遺物はその残存状況から考えると，神戸市立博物館所蔵の「笞打ちのキリスト図聖牌」のようなものであった可能性が指摘できる。

3 まとめ

以上キリシタン墓内で確認された副葬品についてみてきたが，これまで確認されている副葬品は，ロザリオ，メダイ，十字架，聖牌といった信心具が中心で，今後出土が期待できるものもこうした信心具が中心となろう。ただ，これからも数多く出土する可能性は低く，その要因としては，そもそも副葬すること自体が少ないことに加えて，副葬された信心具が有機質でできており，土中で残存しにくいことが併せて考えられる。

バテレン追放令以前は，国内において信心具が日本の職能集団によって盛んに作られた。例えばコンタについては，フロイス師書簡で次のように記している。「洗礼後は祈祷を覚えるに従って彼らに十字架や錫製の影像を分け与え，また，キリシタンのためにコンタツを作らせるため都から挽物師を呼び寄せた。」（1576(77)年8月20日付）[13]この記述からもわかるように，当時は日本の挽物師がコンタツを作っていた様相がうかがえる。コンタツは木製のものが主流であったことが想像され，今後も検出が難しい可能性がある。

ただ，千々石ミゲル夫妻伊木力墓所調査のように，わずかな繊維や紙片などまでも細かく検出することによって，副葬品の姿が徐々に見えてくる。今後キリシタン墓においては，有機質で消失する可能性が高い資料が主体であることを念頭に入れ，より繊細な調査を行っていくことが望まれる。

註

1) 高槻市教育委員会『高槻城キリシタン墓地』2001

2) 千代田区東京駅八重洲北口遺跡調査会『東京都千代田区　東京駅八重洲北口遺跡』2003

3) 公益財団法人大阪府文化財センター『千提寺西遺跡・日奈戸遺跡・千提寺市阪遺跡・千提寺クルス山遺跡』2015

4) 長崎市教育委員会『興善町遺跡』1998

5) 南有馬町教育委員会『原城跡』1996
　南有馬町教育委員会『原城II』2004

6) 大分県教育庁埋蔵文化財センター『豊後府内4』2006

7) 山口市教育委員会『瑠璃光寺跡遺跡』1988

8) （財）北海道埋蔵文化財センター『美沢川流域の遺跡群XVIII』1996

9) 遠藤栄一「北東北のキリシタンとその痕跡―岩手県奥州市の出土メダイと伝世メダイ―」『考古学論究』21，立正大学考古学会，2021

10) 後藤晃一『キリシタン遺物の考古学的研究―布教期におけるキリシタン遺物流入のプロセス―』溪水社出版，2015

11) 千々石ミゲル墓所調査発掘調査実行委員会『千々石ミゲル夫妻伊木力墓所発掘調査（第1次－第3次）報告書　分析・考察編』2019

12) 岡　泰正・成澤勝嗣 編『南蛮美術セレクション』神戸市立博物館，1998
　サントリー美術館・神戸市立博物館・日本経済新聞社編『南蛮美術の光と影　泰西王侯騎馬図屏風の謎』日本経済新聞社，2011

13) 松田毅一 監訳『十六・七世紀イエズス会日本報告集第3期第4巻1570年-1577年』同朋舎，1998

キリシタン墓碑

キリシタン墓碑は，多くの情報を与えてくれる。形式研究や悉皆調査の成果から，具体的な様相が明らかになってきた

⋮ キリシタン墓碑研究の現状／関西のキリシタン墓碑

キリシタン墓碑研究の現状

田中裕介　TANAKA Yusuke
別府大学教授

キリシタン墓碑の形式分類の現状とその変遷をもとに，形式間の影響関係の研究の現状を整理する

キリシタン墓碑の研究が考古学の対象と認識されるきっかけとなった，京都大学考古学研究室の研究報告『吉利支丹遺物の研究』の刊行から今年は100年である。キリシタン墓の概念を整理したうえで，石製墓碑の分類と変遷，地域性，さらに墓碑以外の地上施設の研究の現状を紹介する[1]。

1　キリシタン墓碑の定義と認定

キリシタン墓とは，キリスト教徒が，キリスト教の葬儀をおこなって埋葬され，そこに墓碑を建てたものである。したがって文献史料から復元される埋葬儀礼のほかに，考古学から埋葬施設と副葬品，地上施設と墓碑が資料となる。現実に残っている石製墓碑をキリシタン墓碑と認定する基準は，以下のとおりである。

①キリスト教の洗礼名または西暦が記入された墓碑。中世の日本固有の石塔形式（五輪塔，宝篋印塔など）に，洗礼名が記された例はいまだかつて報告されていない。

②キリシタン特有の形態をもつ墓碑。立碑と伏碑に大別され，とくに伏碑と総称される形式は日本国内の中世石塔からの系譜をたどれない。

③キリスト教特有の十字架意匠が使用された墓碑。

花十字紋，罪標十字架など当時のカトリックが好んだ記章を用いたものは確度が高いが，十字文様自体は日本の伝統的文様の一つなので，キリシタン墓碑とするためには別の角度からの証明が必要である。

④墓碑以外の地上施設の存在。2011（平成23）年大分県臼杵市下藤キリシタン墓地の調査によって発見された石材利用の地上施設で，その後，大阪府千提寺遺跡でも発見されて，キリシタン墓地の特徴の一つとして知られるようになった。下藤キリシタン墓地ではその変遷過程が追えるが，その起源は不明である。

以上の項目の複数，あるいは一つでも確実なものが該当する墓碑をキリシタン墓碑と認定できる。

2　キリシタン墓碑の形式分類　（図1）

キリシタン墓碑は立碑と伏碑に大別でき，さらに伏碑は横幅が狭く立体的な柱状伏碑と，幅が広く扁平で低い板状伏碑に分類できる。日本の立碑は，中世仏教石塔の転用であることは明らかである。伏碑のデザインは西洋由来であるが，西洋にもシッポと呼ばれる立碑形式と伏碑形式の双方があり，キリシタン墓碑に採用されたのは伏碑形式である。その選択がなされたのは日本の教会にお

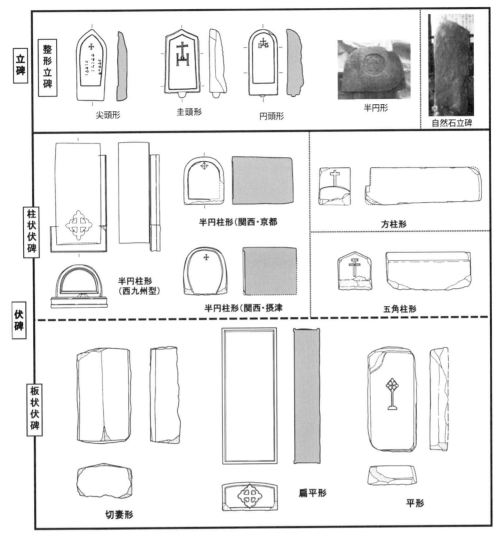

図1　キリシタン墓碑の分類

いてであり，その意味で伏碑形式のキリシタン墓碑も日本において定式化されたものと考えられる。

(1) 立　碑

碑文を刻む石碑を縦に樹立する墓碑で多くの場合柄突起をもつが，台石の実物は未だ発見されていない。関西の立碑は日本の仏教形式の墓碑である尖頭光背形に由来するものである。側面を含め墓碑全体を加工して製作された**整形立碑**と，1620年代の自然石の一部を加工したのみの**自然石立碑**に分類される。

整形立碑

頭頂部の形態から**尖頭形**，**圭頭形**，**円頭形**の三つに細分される。大阪府と京都府の関西のみに分布し，九州では未確認である。1580年代の最古例は尖頭形あるいは圭頭形であるが，17世紀に入ると円頭形が優勢となる。上部に「ギリシャ十字」「罪標十字」「IHS十字」などを刻む点は共通し，銘文の中央に洗礼名，右側に年号（干支）あるいは西暦，左側に月日を刻む仏教様式の影響が明らかな銘文配置と，右側に年号西暦と月日を一列に刻み，左側にキリスト教の祝日を刻む別様式の銘文配置がある[2]。なお石材は，京都市内発見の整形立碑は斑レイ岩が使われ，一方摂津や河内では花崗岩が用いるという地域性がある。

①**尖頭形**　尖頭光背形の仏教様式の墓碑をそのまま転用したものである。五輪塔浮彫りのかわりに十字架文様と銘文を刻む。最古例は1581（天正10）年銘の大阪府八尾満所墓碑である。最新例は1613（慶長18）年銘の成願寺東之壽庵墓碑。尖頭形

の整形立碑は，さらに台座と本体が接合した**大阪型**（八尾満所墓，茨木市千堤寺上野マリヤ墓）と，柄突起をもち台座が別つくりの**京都型**に細分できる。

②**圭頭形**　頭頂部が圭頭の墓碑で，最古例は1581（天正9）年銘の大阪府四條畷市千光寺跡出土礼幡墓碑，最新例は1601（慶長6）年銘の大阪府茨木市千堤寺佐保カララ墓碑である。

③**円頭形**　尖頭形の頭頂部を丸く仕上げた墓碑で，尖頭形と圭頭形より後出する。最古例は1602（慶長7）年銘の京都市真教寺尾張のまりや墓碑，最新は1612（同17）年銘の大阪府茨木市千堤寺教名不明墓碑である。この形式の大半は京都市内で発見され，新様式の銘文配置で碑銘が刻まれている。

以上三者の関係をまとめると，尖頭形と圭頭形の仏教様式の墓碑をアレンジしてキリシタン墓碑に転用し，その後新たに1602年前後に京都において新様式の銘文配置をもった円頭形が採用されて，1613年まで尖頭形と円頭形が並存すると考えられる。

半円形立碑

正面観が半円形をなす板状の立碑で，長崎県大村市のバスチアン墓碑と，幕末の記録に残る1589（天正17）年銘のポルトガル人グラシアスの墓碑[3]のみが知られている。いずれも長崎県のみに分布する。

自然石立碑

長めの自然石の一面を整え，そこに十字架文様と碑文を刻む墓碑である。最新例は1622（元和8）年銘の長崎県東彼杵郡の川棚ジュリア墓碑である。1613年の禁教令以後に肥前でのみ発見されている。1620年前後から九州では仏教徒墓碑も自然石立碑を用いる傾向があり，形式に関してはキリシタン墓碑固有の形態を失ったことになる。

(2) 伏碑

高さあるいは幅よりも奥行きが長い墓碑を伏碑と一括する。立碑と異なり埋葬施設の上に蓋をするように石碑を伏せたと想定され，この名称がある。伏碑は正面の高さがその幅に匹敵する**柱状伏碑**と，高さが低く幅の広い**板状伏碑**に大別できる。この両者にはいずれも奥行きの長短があり，細別や地域性の重要な指標となる。

柱状伏碑

正面観が幅に比べて高さがあり，柱状の石材を横倒しにして小口面に碑面を設けた墓碑である。

半円柱形，方柱形，五角柱形の三者に細別される。キリシタン墓碑独特の形式で，西暦年号が現れるのもこの墓碑である。

①**半円柱形**　正面観が半円形をなす形式で，正確な幾何学的半円をなすものから，隅丸の方形まで変化がある。最古例は1604（慶長9）年の長崎県雲仙市南串山土手之元1号墓碑，最新は1614（同19）年の長崎県大村市の今富キリシタン墓碑である。なおこの半円柱形は，奥行きに当たる全長が60cm以上の長い一群と奥行き40〜60cm前後の小型の2種類に分かれる。両者は分布地域を異にし，長い一群は**西九州型**，短い一群は**関西型**に明瞭に分かれる。関西型では1608（慶長13）年銘を刻む京都市等持院南町さんちょ墓碑が最古である。肥前から関西に伝播する過程で，奥行きの短い小型品に型式変化を遂げたと考えられる。

西九州型は奥行きが60〜150cmと長い一群で，正面観は幅よりも高さが低く正確に半円形に近い例が多いが，中には側面が垂直で上面がゆるい円をなす例もある。正面には一段の彫窪めを施す例が多く，丁寧に二段に彫窪めを細工したり，鋸歯文条の文様を刻む例もある。また長崎県南島原市の国指定の須川吉利支丹墓碑のように，側面を断面S字状に整形した精巧な台座を伴う例がある。1604（慶長9）年の長崎県島原半島南串山土手之元1号墓碑例が最古，1614（同19）年の今富キリシタン墓碑が最新である。島原半島に分布の中心があり，大分県臼杵市掻懐1号墓碑がもっとも東の例である。素材は在地の石材が利用され，肥前では安山岩と天草砂岩，豊後では阿蘇溶結凝灰岩が使われている。

関西型は，正面から見ると高さがあり底面が狭まる形態である。いずれも奥行きは60cm以下の小型に属する。高さが幅を凌駕するものが多いのが特徴である。西九州型から，丈が高く奥行きは短くなる方向に型式変化している。台座を伴う例は知られていない。関西型の半円柱形柱状伏碑は，花崗岩から作られている。関西型には，さらに京都型，摂津型の二つの地域類型がある。**京都型**は正面の彫窪めが半円形に施され，その周縁が全周するように一段高く彫り残される。京都市内で発見された柱状伏碑の墓碑は，すべてこの型式である。1608（慶長13）年の京都市等持院南町さんちょ墓碑を最古，1613（同18）年の京都市下魚棚前のるしや墓碑まで作られ

る。**摂津型**は正面観をみると設置面の幅が中位より狭くなり，正面の彫窪めが下に抜けるから，周縁は馬蹄形状に彫り残される。大阪府高槻市から茨木市の山間部の柱状伏碑の墓碑は，すべてこの型式である。類似例に，正面の半円に馬蹄形の断面箱形の溝を彫る豊後の臼杵市下藤常珎墓と搔懐1号墓があり，さらに周縁を馬蹄形に彫り残す例は，1613（慶長18）年の長崎県島原市須崎る井寸墓碑にある。豊後の2例がより精巧な表現であり摂津型はその簡略形と推定されるので，正面の彫窪めを馬蹄形に残す意匠の発想は本来九州にあり，豊後経由で伝わったものと推測される。最古例は1610（同15）年の大阪府茨木市高雲寺ぜにはらまた墓碑，最新は1613（同18）年の茨木市下音羽の高雲寺小泉某墓碑がある。

以上の半円柱形柱状伏碑の特徴は，①正面が幅広く高さの低い半円形から，次第に幅が狭く高さが増し，側面がまっすぐになる。②奥行き＝長さは60cmを超える長いものから，関西に伝播する際に奥行きが短く変化する。③1604（慶長9）年に肥前から始まり，1608（同13）年には関西に普及する。

②**方柱形**　現在，大分県臼杵市搔懐2号墓碑が唯一例である。奥行き・長さともに118cm，高さ34cm，幅30cmの方柱の小口にゴルゴダの丘を立体的に表現し，その上に十字架を彫り込んだ精巧な墓碑である。

③**五角柱形**　長崎県島原市島原城内3号墓碑の1例が知られている。銘はなく長さ91cm，高さ38cm，幅36cmの五角柱の小口に，罪標十字架を薬研彫りで表現する。年代は不明だが方柱形同様半円柱形柱状伏碑の一変形と考えられる。

板状伏碑

柱状伏碑との違いは，小口面の高さが低く幅の広い板状方形の石材を整形している点にある。その小口面の形態から**切妻形**，**扁平形**，**平形**の三者に分類される。最古例は1606（慶長11）年の長崎県雲仙市南串山里阿ん墓碑，最新例は1619（元和5）年の大分県佐伯市重岡るいさ墓碑である。いまのところ九州にしか分布しない。

①**切妻形**　小口面が切妻形をなし，背面に稜線がしっかりと付く形態である。長大な例は少なく長さ1m前後の例が多い。1611（同16）年の長崎県南島原市深江町の折口るしや墓碑が紀年例として知られている。同様の形態は九州各地で見られる。

なお，18世紀の長崎浦上の潜伏キリシタンの墓碑がこの形式を基本としている。

②**扁平形**　上面が緩やかな凸曲面をなし，1mを越える長大なものが多い。1606（慶長11）年の長崎県雲仙市南串山里阿ん墓碑を最古とし，1619（元和5）年の大分県佐伯市重岡るいさ墓碑まで継続する。島原半島でも1618（同4）年の長崎県南島原市深江町折口斉藤かすはる墓碑まで継続している。分布の中心は島原半島だが，最新例は大分県に存在する。

③**平形**　上面が平坦で凸曲面をもたない，したがって正面から見ると直線的な長方形となるものである。切妻形や扁平形に比べて全体の整形が不十分であったり，稚拙であるものが多く，現状では銘文を施した例はない。しかし文様に十字架や花十字を施したものがあり，墓碑として利用されたことは確実である。

(3) 潜伏時代のキリシタン墓碑

潜伏時代には切支丹改めにより棄教を強制され，葬式も仏式でおこなうことが強制されたので，原理的にはキリシタン墓碑は存在しないはずだが，島原・天草一揆以前にはキリスト教への立ち返りが繰り返され，仏教と併存する信仰の形式が模索された。そのような状態は地域によっては1660年代の「崩れ」までつづき，西九州では明治期まで存続した[4]。監視の目が厳しいため，洗礼名や十字架文様が刻まれることもなく，形態的特徴だけで判断しなければならない。現在潜伏時代のキリシタン墓碑と考えられているものは，板状伏碑の**切妻形**と**扁平形**，**寄棟形**と**粗製伏碑**の4種である。この4種の墓碑については，次節でのべる。

3　墓碑の変遷と影響関係（図2）

以下，5期に分けてキリシタン墓碑の変遷をまとめながら，墓碑研究の現状に触れる。

(1) 第1期：墓碑の初現期（1549～1587年）

ザビエルによる日本布教開始期から豊臣秀吉によるバテレン追放令までである。石製墓碑の出現以前には九州でも関西でも木製十字架碑が墓碑として用いられていたと考えられ，1580年代の豊後では漆塗りの十字架が競って建てられている[5]。

関西における立碑の出現　関西において，石製墓碑の建立が始まる。仏教様式の石塔（光背式）か

ら始まっていることから，関西で独自にキリシタン墓碑の製作が始まった可能性が高い。1581・1582（天正9・10）年の大阪府（河内）四条畷市千光寺礼幡墓碑と八尾市八尾満所墓碑が最古の一群である。

(2) 第2期：空白期（1587～1600年）

豊臣秀吉によるバテレン追放期である。この時期の墓碑については，現在1例も知られていない。第3期になってさかのぼった年号をつけて墓碑を作ることも可能なはずだが，いまだその実例はない。わずかに長崎で1589（天正17）年に殁したポルトガル人の墓碑の記録が残されているのみである。この形式は，シッポと呼ばれる外来の立碑形式と考えられている[6]。

(3) 第3期：墓碑の最盛期（1601～1614年）

関西における整形立碑の復活　徳川家康政権による黙認期である。関西では1601（慶長6）年の大阪府茨木市千提寺佐保カララ墓碑を初例として整形立碑が復活し，引き続き尖頭形・圭頭形が採用されるとともに，円頭形の整形立碑が1602（同7）年の京都市真教寺尾張のまりや墓碑を初例として出現する。円頭化については，従来からキリスト教的意匠の影響が指摘されている[7]。円頭形の採用と同時に新様式の銘文配置がおこなわれることからもキリスト教的要素が

より強くなっており，丸川義広が指摘するように京都におけるフランシスコ会の影響である可能性がある[8]。一方，九州における石製墓碑の最古例は1604（慶長9）年の長崎県雲仙市土手之元1号墓碑であって，関西に比べると石造墓碑の製作はかなり遅れる。したがって石製のキリシタン墓碑を樹立する風習は，関西において九州に先行して始まったものと推定される。関西の光背形の尖頭をもつ仏教形式の墓碑を転用改造して用い，本来梵字の刻まれる位置に十字架を，墓碑中央の戒名の位置に洗礼名をきざみ，死没年と月日を左右に書き分ける銘文配置は，当時の仏教系墓碑のそれを踏襲している。

九州における伏碑の出現　伏碑の墓碑が，整形立碑に遅れて出現する。出現地は九州なかでも肥前である。柱状伏碑は九州では島原半島に所在する1604（慶長9）年の長崎県雲仙市南串山土手之元1号墓碑例が最古例で，関西では1608（同13）年の京都市等持院南町さんちょ墓碑が最古となるので，柱状伏碑とくに半円柱形の墓碑は肥前から始まり，短期間のうちに西九州型から関西型に形態を変化させながら東に伝播したものと考えられる。やや遅れて肥前では板状伏碑が出現する。1606（慶長11）年の長崎県雲仙市南串山里阿ん墓碑が最古で，現在のところ九州にのみ

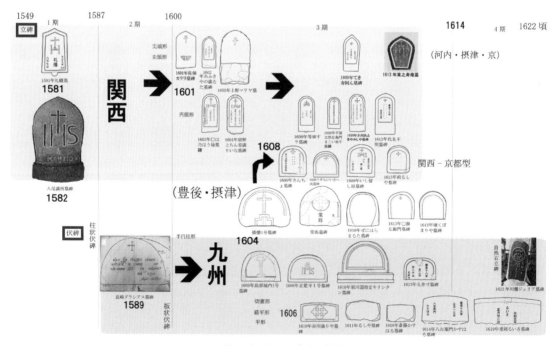

図2　キリシタン墓碑の変遷

み分布している。板状伏碑も従来日本国内には存在しなかった墓碑形式であり，半円柱形柱状伏碑につづく外来形式の墓碑の登場である。なお西暦年号の使用も伏碑の出現に伴うようで，関西では1608(慶長13)年の京都市等持院南町さんちょ墓碑と京都市西福寺うすらいいさへ流墓碑に，島原では1610(同15)年の須川吉利支丹墓碑に用いられている。いずれも半円柱形の柱状伏碑である。

柱状伏碑・板状伏碑ともに島原半島を中心とする肥前南部で始まり，柱状伏碑は1608(慶長13)年ごろまでに関西まで伝播し，これに伴って墓碑に西暦を記述する例も伝わっている。関西型の半円柱形柱状伏碑の伝播の流れは島原半島から京都に直接伝わった京都型と，豊後を経由して伝わった摂津型があり，後者の最古例は1610(慶長15)年である。

関西と九州での廃絶　関西では，整形立碑と半円柱形柱状伏碑(関西型)の両者が，1613(慶長18)年の建立を最後として作られなくなる。1年遅れて肥前でも，1614(同19)年の半円柱形柱状伏碑である今富キリシタン墓碑や板状伏碑の折口八左衛門かすはる墓碑を最後にいったん廃絶する。

(4) 第4期：墓碑の衰退期 (1618〜1622年前後)

1614(慶長14)年の全国的禁教令以後，禁制の温度差に応じて墓碑が復活する。

九州における復活　九州では，いったん終了した墓碑建立が復活するようである。各藩領ごとにキリスト教に対する姿勢に違いがあり，禁教政策がゆるくなる地方がある。一方関西では，墓碑の建立がまったく途絶える。

扁平形板状伏碑は1618(元和4)年の長崎県南島原市深江町の折口斎藤かすはる墓碑，1619(同5)年の大分県佐伯市重岡るいさ墓碑である。前者は寺沢領，後者は豊後岡藩中川領である。

自然石立碑は1621(元和7)年の長崎県東彼杵町一瀬志ゅ阿ん墓碑と，1622(同8)年のおなじ川棚ジュリア墓碑である。ともに大村領である。

(5) 第5期：潜伏時代 (1614〜1873年)

1637(寛永14)年の島原・天草一揆の勃発までは，キリシタンの取締は宣教師とその周辺など布教の中心にとどまり，弾圧が一般信徒に及ぶのは一揆以後である。その後も1660年代の大村藩の郡崩れ，豊後崩れなどのキリシタン露顕事件までは，棄教しながらもキリシタン信仰を継続した地域や，さらに幕末まで潜伏を維持した地域があり，第3・4期の墓碑の形式に系譜をたどれる墓碑が残されている(図3)。

切妻形伏碑　下藤キリシタン墓地例や，18世紀浦上経ヶ峰墓地で知られている。史料上の「長墓」にあたる。長崎では1790(寛政2)年の浦上一番崩れ以後，自然石円礫を利用した野石墓石に代わり，以後類例はない。

扁平形伏碑　大村藩の1659(万治2)年の郡崩れの際の長墓改めで「蒲鉾形」と記載された墓碑がこれに当たると考えられるが，確証されたものはない。しかし18世紀末から始まるオランダ人石製墓碑がこの形式で作られ，外国人居留地外の1860年代の幕末のロシア人の墓碑もこの

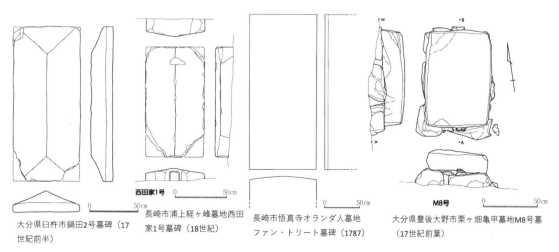

大分県臼杵市鍋田2号墓碑(17世紀前半)

西田家1号　長崎市浦上経ヶ峰墓地西田家1号墓碑(18世紀)

長崎市悟真寺オランダ人墓地ファン・トリート墓碑(1787)

M8号　大分県豊後大野市栗ヶ畑亀甲墓地M8号墓(17世紀前葉)

図3　潜伏時代のキリシタン墓碑

形態である。オランダ人もロシア人もいずれも
キリスト教徒であるので，長崎奉行所によって
キリスト教徒の墓石と認知されていた形式と考
えられる。

寄棟形墓碑　大分県臼杵市の鍋田墓地で古く
から知られていた形式である[9]が，臼杵市神野家
墓地[10]に下藤墓地と同様の石組遺構をもつ寄棟
形墓碑が見つかったことによる。神野家墓地は
1650年代から60年代の年代を与えることがで
き，その頃の伏碑がいずれも長さが110cm以下
に短小化していることがうかがわれる。鍋田墓
碑はいずれも神野家墓碑より長く，17世紀でも
前葉に近い墓碑であると考えられる。いずれの
墓碑にも銘文がないことからすると，臼杵藩が
キリシタン禁止政策に乗り出した1612（慶長17）
年から豊後崩れが本格化する1660年代にかけて
寄棟形墓碑が使用されたと考えられ，当初の成
人の身長の符合した長大なものから次第に1m
前後の墓碑に短小化していったと推定される。

粗製伏碑　長方形あるいは方形の石材を用い整
形しない墓石で，キリシタン墓碑と推定する出発
点となったのは，大分県臼杵市下藤キリシタン墓
地での墓上施設としての石組遺構の発見である。
石組遺構自体は粗製伏碑を載せるものも載せない
ものもあるが，西寒田クルスバ遺跡，豊後大野市
岡ナマコ墓，栗ヶ畑亀甲墓地で同様の石組遺構と
粗製伏碑が確認された。石組遺構と粗製伏碑が組
み合った初期の段階から，石組遺構が消失して粗
製伏碑のみとなり，その形態も長方形から，正方
形に近い形態に推移する豊後と天草下島と，長方
形の石組遺構を残したまま粗製伏碑でおおう積石
墓として明治時代まで存続する平戸，外目，天草
下島南部[11]に大きく分けられる。

4　まとめ

以上キリシタン墓碑の形式分類と変遷研究の
現状を記してきたが，残された課題も多い。い
くつかあげると，特異な形態をもつ八尾満所墓
碑の形態の祖型に関する議論があり，キリスト
教の儀礼の衣装に起源を求める理解もある[12]。
扁平形伏碑は，キリシタンの墓碑としてどのよ
うに江戸時代の間記憶されていたのか[13]。100

数十年以上使用されなかった形式が，オランダ
人キリスト教徒の墓碑として復活する問題。キ
リシタン墓碑は当時の切支丹がすべてに用いら
れたものか。下藤キリシタン墓地や千提寺墓地
群の調査では，数十の埋葬施設の発見がありな
がら，墓碑は1ないし2基程度にとどまること
が判明し，石製墓碑はある特定のキリシタンに
のみ利用された可能性があることなど。今後も
調査の進展と新資料の出現に伴って，新しい課
題と見解がさらに判明することを期待したい。

註

1)　大石一久「日本キリシタン墓碑総覧─分析と
課題」，田中裕介「日本における16・17世紀キ
リシタン墓碑の形式と分類」『日本キリシタン墓
碑総覧』南島原市教育委員会，2012。禁教期以
後の墓碑については，大石一久「キリシタン受
容と展開」（『歴史考古学』71，歴史考古学研究
会，2015），田中裕介編『日本近世における外
来系墓碑の変容過程に関する実証的研究』（別府
大学文学部，2017）を参照。

2)　丸川義広「京都のキリシタン遺跡」『戦国河内
キリシタンの世界』批評社，2016

3)　註1『日本キリシタン墓碑総覧』pp.196-197・
pp.386-387に大石一久が紹介。

4)　大石一久「キリシタン受容と展開」『歴史考古
学』71，歴史考古学研究会，2015

5)　田中裕介「キリシタン石造十字架碑の研究」
『石造文化研究』35，石造文化研究会，2020

6)　大石一久「「Bastian」キリシタン墓碑」前掲
註1『日本キリシタン墓碑総覧』pp.196-197

7)　『吉利支丹遺物の研究』京都帝国大学文学部考
古学研究報告7，1923

8)　前掲註2に同じ

9)　1938（昭和13）年に大分県でマレオ・マレガが
発見したのが初見。

10)　田中裕介「キリシタン墓碑の新形式─寄棟形
墓碑の紹介─」『大分の中世石造遺物 第5集 総
括編』大分県教育庁埋蔵文化財センター，2017

11)　大石一久「垣内・潜伏キリシタン長墓群」『戦
国河内キリシタンの世界』批評社，2016

12)　小林義孝「満所（マンショ）とは誰か」『歴史考
古学』77，歴史考古学研究会，2019

13)　伊藤慎二「江戸府内におけるキリシタン様式
類似墓碑」『上代文化』43，國學院大學考古学
会，2013

関西のキリシタン墓碑

丸川義広 MARUKAWA Yoshihiro
（公財）京都市埋蔵文化財研究所

29基の関西のキリシタン墓碑の特徴や分布には，慶長年間に入ってからのフランシスコ会の活動が反映されている

1 キリシタン文化の伝来

　戦国時代末期から江戸時代初め，わが国にはキリシタン文化と呼ばれる異国の文化がもたらされた。その遺品は各方面に及ぶが，中には不確実なものも含まれ，常時議論の的となる。このような中，キリシタン墓碑は当時の代表的な遺品として，変わらぬ評価を得ている。

　関西には，29基のキリシタン墓碑が知られる。本稿ではその特徴を整理する。ただしこれまでに筆者は，同様の論考を発表しており，詳細は旧論考[1]を参照していただきたい。

2 キリシタン墓碑の特徴

　個　数　キリスト教徒の墓石とされるもので，関西では29基が確認される。地理的な内訳は，河内に2基，茨木山中に6基，京都市内に20基と，伝堺市の1基である。

　型　式　形態上の差異から，板碑形墓碑（立碑）と蒲鉾形墓碑（伏碑）に区分される。関西では，板碑形墓碑が古く蒲鉾形墓碑が新しい。板碑形墓碑では，頭部が三角を呈する圭頭と頭部が丸い円頭が存在し，圭頭が古い。ただし京都市内では，圭頭は3基（表2-5・16・23，以下数字は表2の番号）と少数で，最古の真教寺墓碑(4)は円頭，2番目に古い延命寺3墓碑(5)が圭頭である。蒲鉾形墓碑は1608（慶長13）年の等持院南町墓碑(13)が最も古い。また京都市内の板碑形墓碑には表面の縁に幅2～3cmの平坦面（凸面）が巡るが，これは河内・茨木山中の板碑形墓碑には見られない特徴となっている。蒲鉾形墓碑の表面にも例外なく平坦面がめぐるが，蒲鉾形墓碑が後出であるため影響を想定するには無理がある。

　河内の2基は板碑形墓碑，茨木山中の6基には板碑形墓碑と蒲鉾形墓碑があるが，北側の3基は蒲鉾形，南側の3基は板碑形で，小地域間にあっても差異が認められる。

　銘文の配置　キリシタン墓碑の表面には，中央上に「十」や「IHS」，下に洗礼名，左右に「年月日」や「祝日」が刻まれる。

　銘文の配置は主に2通りあり，向かって右側に年号・左側に月日を刻んだ「A配置」と，右側に年号・月日を集め，左側に聖人の祝日を刻んだ「B配置」がある。A配置が古い。B配置は京都の墓碑のみに認められ，聖人の祝日が重視された結果，B配置が考案されたと考えられる。キリシタン墓碑に刻まれた聖人の祝日は，キリスト教暦の普及を知る上でも興味深い事例である。

　1608（慶長13）年7月に蒲鉾形墓碑が出現すると，「御出世以来……」という西暦を漢字で表記したものが出現する。現状では3例確認でき，等持院南町墓碑(13)・西福寺墓碑(14)は蒲鉾形墓碑，成願寺3墓碑(23)は板碑形墓碑である。

　蒲鉾形墓碑の銘文はA配置であるが，下魚棚堀川墓碑(21)は右側に年号，左側に月日と祝日を併合している。成願寺3墓碑(23)は4行配置，西福寺墓碑(14)は5行配置で，蒲鉾形墓碑の表面は文字数が多い。

　洗礼名　中央に刻まれた洗礼名から，様々な情報が読み取れる。

　まず性別が判別する（表1）。確認できる23例で

表1　関西のキリシタン墓碑　被葬者の性別
（番号は表2，下線は蒲鉾形墓碑）

地域＼性別	♂男性	♀女性	不　明
河内 （2）	1. 2		
茨木山中 （6）		3. 6. 18. 24	20. 22
京都市内 （20）	7. 11. 13. 16	4. 5. 8. 9. 10. 12. 14. 15. 17. 19. 21. 23. 28	25. 26. 27
伝堺市 （1）			29
合　計 （29）	6	17	6

表2 関西のキリシタン墓碑 一覧表（製作順，銘文の「・」は行頭）

番号	名称・出土地	銘文	年号（西暦）	性別	型式・石材
1	河内・千光寺墓碑 四条畷市田原台千光寺跡	・天正九年 辛巳 ・十H 礼幡 ・八月七日	天正9年8月7日 (1581.9.14)	♂	板碑形 圭頭 花崗岩
2	河内・岡村家墓碑 八尾市西郷	・天正十壬午年 ・十 IHS 満所 MA И TIO ・五月二十六日	天正10年5月26日 (1582.6.26)	♂	板碑形 圭頭 砂岩
3	茨木・中谷家1墓碑 茨木市大字千提寺クルス山	・慶長六年 ・干 佐保カラ、 ・四月一日	慶長6年4月1日 (1601.5.3)	♀	板碑形 圭頭 花崗岩
4	京都・真教寺墓碑 上京区智恵光院通芦山寺上	・慶長七六月五日 ・十 尾張のまりや ・さん阿ほりなりよの御祝日	慶長7年6月5日 (1602.7.23)	♀	板碑形 円頭 はんれい岩
5	京都・延命寺3墓碑 上京区御前通下立売下	・慶長七年 ・十 あふきやの満るた ・九月十一日	慶長7年9月11日 (1602.10.25)	♀	板碑形 圭頭 はんれい岩
6	茨木・東家墓碑 茨木市大字千提寺寺山	・慶長八年 ・干 上野マリヤ ・正月十日	慶長8年1月10日 (1603.2.20)	♀	板碑形 圭頭 花崗岩
7	京都・浄光寺跡墓碑 上京区天神筋通下立売上	・慶長八年六月廿八日 ・干 IHS □を乃はう路 ・雪のさんたまりやの祝日	慶長8年6月28日 (1603.8.5)	♂	板碑形 円頭 はんれい岩
8	京都・松林寺墓碑 上京区智恵光院裏門出水下	・慶長八年十二月十五日 ・十 □□□ ・さんばうらの日	慶長8年12月25日 (1604.1.26)	♀	板碑形 円頭 はんれい岩
9	京都・一条紙屋川1墓碑 北区大将軍川端町	・慶長九年七月廿二日 ・干 IHS 留野上ちん妾満りいな ・さん路加す満んへれ	慶長9年7月22日 (1604.8.17)	♀	板碑形 円頭 はんれい岩
10	京都・成願寺1墓碑 上京区一条通御前西入	・慶長十一年 ・十 内満るた ・正月晦日	慶長11年1月30日 (1606.3.8)	♀	板碑形 円頭 はんれい岩
11	京都・一条紙屋川2墓碑 北区大将軍川端町	・慶長十二年 ・十 IHS □麻□ ・十二月一日	慶長12年12月1日 (1608.1.18)	♂?	板碑形 円頭 はんれい岩
12	京都・延命寺1墓碑 上京区御前通下立売下	・慶長十三年三月十日 ・十 平加太郎左衛門まこい祢す ・さんおのりよの日	慶長13年3月10日 (1608.4.24)	♀	板碑形 円頭 はんれい岩
13	京都・等持院南町墓碑 北区等持院南町	・御出世以来千六百八年戊申七月八日 ・十 さんちょ ・波々泊部右近将監	慶長13年7月8日 (1608.8.18)	♂	蒲鉾形 花崗岩
14	京都・西福寺墓碑 南区針小路通堀川東入	・□出世千六百（八?）年 ・十 慶ちやう戊申 ・うすらい いさへ流 ・さんとめいの□□ ・十一月十□日	慶長13年11月1? (1608.12.?)	♀	蒲鉾形 花崗岩
15	京都・成願寺2墓碑 上京区一条通御前西入	・慶長十四年 ・十 IHS いし 留し屋 ・五月三日	慶長14年5月3日 (1609.6.4)	♀	蒲鉾形 花崗岩
16	京都・西寺南墓碑 南区唐橋平垣町	・慶長十四年 ・十 てき寿阿ん ・八月十三日	慶長14年8月13日 (1609.9.11)	♂	板碑形 圭頭 はんれい岩
17	京都・御前上ノ下立売墓碑 上京区御前通上ノ下立売上	・慶長十四年 ・十 流しや ・十二月十四	慶長14年12月14日 (1610.1.8)	♀	板碑形 円頭 はんれい岩
18	茨木・高雲寺1墓碑 茨木市下音羽	・けい長十五年 ・十 ぜにはらまるた ・十月十一日	慶長15年10月11日 (1610.11.26)	♀	蒲鉾形 花崗岩
19	京都・延命寺2墓碑 上京区御前通下立売下	・慶長十五年十一月七日 ・十 小川あふきやミしや ・さんとめいあほすとろの日	慶長15年11月7日 (1610.12.21)	♀	板碑形 円頭 はんれい岩
20	茨木・中谷家2墓碑 茨木市大字千提寺クルス山	・慶長十七年 ・十 ・五月三日	慶長17年5月3日 (1612.6.2)	不明	板碑形 円頭 花崗岩
21	京都・下魚棚堀川墓碑 下京区下魚棚通堀川西入	・慶長十八年 ・十 前のるしや ・三月三日さんかよの日	慶長18年3月3日 (1613.4.22)	♀	蒲鉾形 花崗岩
22	茨木・高雲寺2墓碑 茨木市下音羽	・慶長十八年 ・十 ・五月二十四日	慶長18年5月24日 (1613.7.11)	不明	蒲鉾形 花崗岩
23	京都・成願寺3墓碑 上京区一条通御前西入	・慶長十八癸巳九月二日 ・干 IHS 東之寿庵 ・田すさん（た）て満りや ・御出世以来千六百拾三	慶長18年9月2日 (1613.10.15)	♀	板碑形 圭頭 はんれい岩
24	茨木・井上家墓碑 茨木市下音羽	・十 くほまりや ・八月廿一日	?年8月28日 (?)	♀	蒲鉾形 花崗岩
25	京都・安養院墓碑 下京区醍ケ井五条	不明	不明	不明	蒲鉾形 花崗岩
26	京都・椿寺墓碑 北区大将軍川端町	不明（割り抜く）	不明	不明	蒲鉾形 花崗岩
27	京都・成願寺4墓碑 上京区一条通御前西入	不明（割り抜く）	不明	不明	蒲鉾形 花崗岩
28	京都・旧九条小学校墓碑 南区西九条川原城町	・里安 ・十 い祢 ・女 ・十 （後面）・同女い祢す	不明	♀ ♀	蒲鉾形 花崗岩
29	伝堺市・大阪歴史博物館蔵 墓碑	・干 IHS	不明	不明	板碑形 円頭 はんれい岩

29 伝堺 大阪歴博　　1 河内 千光寺　　2 河内 岡村家　　11 京都 一条紙屋川2　　15 京都 成願寺2
? ?.?.?　　　　　　天正9.8.7　　　　天正10.5.26　　　慶長12.12.1　　　　　慶長14.5.3

7 京都 浄光寺　　9 京都 一条紙屋川1　　23 京都 成願寺3　　九 熊 有明 正覚寺1　　九 熊 有明 正覚寺2
慶長8.6.28　　　慶長9.7.22　　　　　慶長18.9.2　　　　慶長11.1.?　　　　慶長11.1.?

図1　十字・二支十字とIHS（註1から転用）

は，男性6基に対して女性17基と圧倒的に女性の割合が高い。キリシタン宗門では女性の地位・立場が高かったとされるが，女性の墓碑の多さはその現れとみられる。また表1からは，性別の判明する茨木山中の4例がすべて女性であることや，蒲鉾形墓碑も6例が女性であることがわかる。

姓（苗字）ないし地名（集落名）を冠したものも多い。茨木山中では，佐保カラヽ（3），上野マリヤ（6），ぜにはらまるた（銭原，18），くぼまりや（久保，24）など，出自（集落名）を冠している。京都市内では，留野上ちん妾満りいな（9），平加太郎左衛門まこい祢す（12），小川あふきやミしや（19），東之寿庵（中略）満りや（23）など，女性でありながら姓を冠しており，家父長下でも埋没することなく立場が主張できた事例として注目できる。また京都では，扇屋（5・19），石屋（15）など職業を冠したものも存在する。

十字，二支十字とIHS（図1）　関西最古の千光寺墓碑（1）は「十」の下に「H」が連接するが，同じものは（1）以外にはみられない。

「H」の左に「I」，右に「S」を加え，「H」を「IHS」，「人類の救済者イエス」に改変したものが2番目に古い岡村家墓碑（2）に出現し，遅れて京都市内でも（11・15）に認められる。

「十」の上端に横棒を入れて「干」（二支十字）とし，それを「IHS」に連接させたものが京都市内に3例（7・9・23）と伝堺市に1例（29）認められる。この4例は類似性が高く，同じ地域で使用するために製作された可能性が高い。細部の違いをいうなら，（23）の「干・IHS」は横方向に引き延

ばされており，デザイン的には硬化したものといえる。九州の天草地方で知られる2例（熊本県天草市有明町正覚寺1号墓碑，2号墓碑）の「IHS」は縦方向に延ばされており，こちらもデザイン的には硬化したものといえる。

祝日　被葬者の亡くなった日が，キリスト教暦の聖人の祝日に当たることを刻んだものである。京都の墓碑8例のみに認められる。

1月26日「さんぱうらの日」（8）
4月22日「さんかよの日」（21）
4月24日「さんおのりよの日」（12）
7月23日「さん阿ぽりなりよの御祝日」（4）
8月5日「雪のさんたまりやの祝日」（7）
8月17日「さん路加す満んへれ」（9）
12月21日「さんとめいあはすとろの日」（19）
12月□日「さんとめいの□□」（14）

石材　京都市内の板碑形墓碑はすべて，はんれい岩（閃緑岩とする見解もある）で製作されている。鉱物を多く含み，比重は大きく黒色を呈する。この石材では従前から板碑や一石五輪搭が製作されており，キリシタン墓碑も同じ工房で製作されたとみてよい。一方，蒲鉾形墓碑はすべて花崗岩で製作されており，両者には明確な違いが認められる。

茨木山中においては，板碑形墓碑，蒲鉾形墓碑を問わず花崗岩製である。河内の千光寺墓碑（1），も花崗岩製，岡村家墓碑（2）は硬質砂岩製である。

分布　先述したように，河内に2基，茨木山中に6基，京都市内に20基，伝堺市の1基，合計29基が知られる。河内の2基は比較的早い段階でキリシタンに入信した人物が想定されるが，茨木山中の6基は，キリシタン大名として著名な高山右近の領地に属するものの，右近が領主であった期間（1573〜1585〈天正元〜13〉年）より10数年後に製作されている。

京都市内の20基は，市街地の北西部と南端で発見されており，中心部に発見例がない点は好対

照となっている。古い時期の墓碑が北西部に集中することは，まずこの地域で墓碑の使用が始まったことを示している。「西京寺」「北野辺在之寺」などが史料にみえるが，そのことも関連するものであろう。また一条紙屋川1墓碑(9)には病人を救済する聖人ロカウスの祝日が記され，8月17日がフランシスコ会の祝日に限定されることは，この地域がフランシスコ会の活動域であったことを示すものであろう。

年代的な推移をみると，河内の2例は天正年間の1580年代で，茨木山中の6例と京都市内の20例は慶長年間の1600～1610年代に属する。このことから，河内の2基はイエズス会への入信者，茨木山中と京都市内の墓碑は，遅れて布教に従事したフランシスコ会の影響を考慮すべきといえる。

変遷 キリシタン墓碑には被葬者が死亡した年月日が刻まれるため，墓碑の変遷を知ることは比較的容易である。河内の(1・2)は板碑形圭頭，3番目に古い茨木山中の(3)も板碑形圭頭であるのに対し，京都最古の(4)は板碑形円頭で，以後の京都は板碑形円頭が盛行する。

蒲鉾形墓碑は(13)が京都の北西部で出現する。九州地方で先に製作されるため，その影響を受けて京都でも製作が始まったのであろう。

関西で最も新しい墓碑は(23)で，1613(慶長18)年9月2日の日付をもつ。これは，キリシタンへの弾圧が強化される1614(同19)年正月のわずか4ヵ月前に当たる。

表3から，1582(天正10)年の(2)から1601(慶長6)年の(3)までの18年間は，墓碑がまったく知られていないこと，1601(同6)年から1613(同18)年までの13年間が墓碑の盛行期であったことがわかる。墓碑が盛行する期間は，1600(同5)年に行われた関ヶ原の戦いに勝利した徳川方と，大坂城に太閤遺児豊臣秀頼を擁する豊臣方の勢力バランスが拮抗する時期に当たり，東西のにらみ合いが禁教政策を不徹底にさせた要因とみられる。しかし徳川方の権威が高まると，豊臣方を滅ぼす一環としてキリシタン弾圧が強められた。1613(同18)年12月には禁教令が発せられ，翌年正月には小田原城主大久保忠隣が入京して弾圧が強められた。1614(同19)年以後の墓碑が確認されないことは，弾圧の激しさに起因するとみて大過ない。

階層性 河内の墓碑(1・2)の被葬者は，男性である。(1)の「田原レイマン」はイエズス会報告に実名が確認され，(2)の「マンショ」墓碑は高さ81cmを有する大型品で，製作も丁寧である。2人の被葬者は，河内キリシタンの先駆けとなった

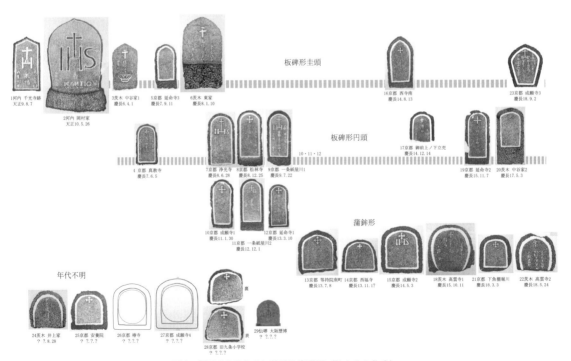

図2 関西のキリシタン墓碑の変遷図（註1から作成）

表3 関西のキリシタン墓碑 製作年 (番号は表2, ゴッチク体は河内・茨木・伝堺, 明朝体は京都, 下線は蒲鉾形墓碑)

西暦元号	1581天正9	1582天正10	1583天正11	1584天正12	1585天正13	1586天正14	1587天正15	1588天正16	1589天正17	1590天正18	1591天正19
番号	1	2									
個数	1	1	0	0	0	0	0	0	0	0	0

1592文禄1	1593文禄2	1594文禄3	1595文禄4	1596慶長1	1597慶長2	1598慶長3	1599慶長4	1600慶長5	1601慶長6	1602慶長7	1603慶長8
									3	4・5	6・7
0	0	0	0	0	0	0	0	0	1	2	2

1604慶長9	1605慶長10	1606慶長11	1607慶長12	1608慶長13	1609慶長14	1610慶長15	1611慶長16	1612慶長17	1613慶長18	不明
8・9		10		11・12・13・14	15・16	17・18・19		20	21・22・23	24・25・26・27・28・29
2	0	1	0	4	2	3	0	1	3	合計29基

在地領主的な人物が想定される。

　茨木山中の6例と京都市内の20例は集落構成員・都市民であり, しかも女性が多いことが特徴となっている。そこで(9)に刻まれた「妾」に注目すると,「妾」は正妻以外の夫人を意味し, 本来は家族内で高い地位は得られなかった人物が想定されるが, そのような人物でさえ墓碑をもって葬られたことは, 家族内に埋没した女性でなかったということになる。

3　イエズス会・フランシスコ会の活動とキリシタン墓碑

　河内の墓碑2基は製作年代からみて, イエズス会に入信した人物の墓碑と想定した。これに対して, 慶長年間の年号を刻む墓碑はイエズス会より遅れて来日したフランシスコ会の活動が背景にあったと考えられる。以下ではフランシスコ会の活動を概述し, まとめとする。

　豊臣秀吉の晩年にあたる1593(文禄2)年, マニラ総督使節としてペトロ・バプチスタ神父が来日した。神父は肥前名護屋城で秀吉に謁見し, 京都に修道院と聖堂を建てる許可を得た。翌1594(同3)年6月, 四条堀川南西に聖堂, 8月には修道院が完成し, 小さな病院も建てられ民衆は大いに感化された。当時の京都は1587(天正15)年の「伴天連追放令」下にあったが, フランシスコ会は公然とミサを行い, 秀吉も黙認した。しかし1596(文禄5, 慶長元)年に大地震と洪水, サン・フェ

リーペ号の漂着によってキリシタンへの讒言が広まると, 神父以下多数が捕縛され, 市内引き回しの後, 長崎に護送されて礫刑に処せられた(日本二十六聖人殉教)。

　豊臣秀吉の死と関ヶ原の戦いで権力を掌握した徳川家康は, 外国技術の導入をはかるためフランシスコ会宣教師ジェロニモ・デ・ゼズスに接近した。ゼズスは, 布教の容認と京都での聖堂・修道院の復元を要請した。ゼズスは江戸にも進出し, 聖堂を建てた。1601(慶長6)年には, 伏見の最も良い土地の提供を受けた。フランシスコ会の再興がはかられ, 多数の宣教師が日本に到来した。この時来日したルイス・ソテロは伏見の修道院で活動し, 奥州の伊達政宗に接近, 遣欧使節となってローマに渡った。フランシスコ会は1611(同16)年までに江戸・浦賀・駿河・大坂・堺・京都・和歌山・長崎などに修道院や病院を建設し, 大いなる恵みの精神によって信者は増加した。

　フランシスコ会は病院建設や福祉事業を主な活動内容とし, 都市周辺部の下層住民に教線を拡大した。これは, 教育の向上を理念とし都市民を上から教化しようとしたイエズス会とは方針を異にするものであった。慶長の年号をもつ墓碑が京都市街地の縁辺部から見つかることは, フランシスコ会の活動領域を反映したとみるのが, 筆者の一貫した見解である。

註
1)　丸川義広「京都のキリシタン遺跡」『戦国河内キリシタンの世界』批評社, 2016, pp.258-272

潜伏期のキリシタン墓地

潜伏期のキリシタンが築いた墓地の実態と歴史的背景を探る

肥前の潜伏キリシタン墓地／奥州のキリシタン類族の墓

肥前の潜伏キリシタン墓地
近世を通して築かれた佐賀藩深堀領飛び地の長墓群

大石一久　OISHI Kazuhisa
元・長崎歴史文化博物館

キリシタン墓制が近世を通じて継続した特異な墓地が見つかっている。調査・研究成果とほかの潜伏キリシタン墓地との比較から，その歴史的意義を示す

　長崎県の北西部に突き出した西彼杵半島の大半は，中世末から近世にかけて旧大村領（藩）の外海に属し，1571（元亀2）年のカブラルによる宣教を端緒にして主に大村純忠時代にキリシタン化された。そのため，仏像や神像をはじめ中世まで遡る神社仏閣などはなく，中世石塔もそのほとんどが破壊を受けている。

　その後，1606（慶長11）年の初代藩主・大村喜前によるキリシタン禁令をもって神仏信仰は復活するが，だからといってキリシタンが一掃されたわけではない。1622（元和8）年のドミニコ会士コリャードの徴収文書[1]によれば，「たいら村」をはじめ「あぜかり村」「みゑ村」「かしやま村」「くろさき村」「しめ村」「こうの浦村」「大野村」「ゆきの浦村」など外海の各村々の代表信徒も署名しており，旧来のキリシタン信仰は潜伏状態で継続されていた。

　大村藩域から潜伏キリシタンの大半が消滅していくのは，1657（明暦3）年のキリシタン大発覚事件である郡崩れ以降である。大村藩は郡崩れ直後から徹底した弾圧策をとって撲滅をはかり，そのほとんどが潜伏キリシタンから神仏信仰へと転宗した。

　ただ，西彼杵半島には，南部を中心に佐賀藩深堀領の飛び地6カ村（黒崎村，畝刈村，平村，永田村，賤津村，樫山村）があった。この飛び地6カ村では，大村藩とは異なって絵踏みは実施されず，外海版創世記ともいうべき「天地始之事」や7代後にはキリシタン時代が到来するという「バスチャンの予言」，痛悔のオラショである「こんちりさんの略」，さらに檀家寺である天福寺による保護などがあったため，禁教策は功をなさなかった。そのため6カ村ともに潜伏キリシタンが温存されており，御禁制のキリシタン長墓が近世を通じて築かれるほどその取り締まりは緩やかだった。

　また，大村藩領の外海でも西樫山や牧野，大野，上黒崎（尾崎地区を含む）などが潜伏キリシタン集落として存続するが，これは深堀領飛び地の周辺に位置していたことが存続の最大の要因だったと思われる。とはいえ，地上標識はすべて方形の仏教墓となっている。

　本稿では，最初に深堀領飛び地6カ村の中で典型的な潜伏キリシタン墓地である垣内墓地と野中墓地を概略したあと，その対比として大村藩領に属しながら潜伏集落として存続した尾崎墓地を取り上げる。

　なお，詳細は2018年刊行の『天地始まりの聖地　長崎外海の潜伏・かくれキリシタンの世界』[2]を参照していただければ幸いである。

図1　垣内墓地

図2　彼杵村三重樫山村 平村図
「ハカ」記載箇所（○）（長崎歴史文化博物館所蔵）

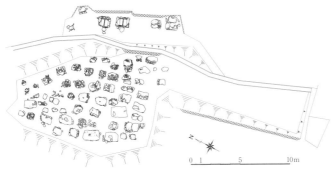

図3　垣内墓地（最下段）

1　近世を通じて築かれた長墓群
―垣内墓地を中心に―

　長崎市多以良町に属する垣内墓地（図1）は，旧佐賀藩深堀領飛び地6カ村の一村・平村に位置する。昭和40年代まで全住民が「潜伏」から「かくれ」のキリシタン集落であり，最後の帳方（信徒集団のリーダー）であった松崎玄右衛門翁が昭和40年代に亡くなるころまで土葬の寝棺（伸展葬など）で埋葬されていた。

　当墓地は，1862（文久2）年の「彼杵村三重樫山村，平村図（文久二年壬戌仕立　壱町弐寸）」（長崎歴史文化博物館蔵）に「ハカ」と記された墓地（図2）であり，地形上は崖状の斜面で海に注ぐ河口附近に位置している。墓地景観は，急斜面の山肌をやや斜面をもって削平した平地に64基の墓石が40～50cm間隔で配石されており，石材はすべて地元産の結晶片岩である。

　「ハカ」と記載した絵図からは，以下の重要な情報が得られる。第一に，当墓所は，幕末（文久2年）の段階ですでに墓地として機能し，現状の長墓群が築かれていたことを示している。しかも，深堀領の役人は墓地の実体を把握していたことも理解される。さらに，絵図記載の墓地面積は，絵図では90㎡，現状は120㎡となっており，北西側の一段高くなった約30㎡の墓地が幕末（文久2年）以降に築かれたことがわかる。つまり，1862（文久2）年までに築かれたのは急斜面を削平した約90㎡の墓地であり，その後に北西側の約30㎡と墓地上方の急斜面の墓所が築かれ現代の墓に至ったものと考えられる。

(1) 垣内墓地における墓碑の配置と編年

　キリシタン長墓に相当する墓碑約60基は，形状から大きく2種類に分類される。板状の小ぶりな石材を積んで長方形状にした積石長墓タイプと，長方形状の大きな板状一枚石を蓋石にした板状蓋石付積石長墓タイプに分かれる。後者の板状蓋石付積石長墓タイプが当墓地における長墓のモデルタイプであり，主に墓地の西側から南側部分に集中している（図3）。

　ただ，64基のうち4基ほどの小型の積石墓は方形または円形状をなしており，ほかの長墓の形状とは違いが見て取れる。このタイプの墓碑は，長軸辺が100cm以下の墓で，板状蓋石付積石長墓など大型長墓間の狭いスペースや，土手に近い墓地北東部隅に築かれている。大型長墓間の狭いスペースに築かれた墓碑は，おそらく後代（主に文久2年以降）に空き地を見つけて築いたのかもしれない。また墓地北東部隅に築かれている墓碑は，1862（文久2）年以降に築かれた30㎡に相当する墓地と考えられ，土手際という地形上の制約を受け長墓のスペースが取れなかったのかもしれない。

　ところで，当墓碑群の中で形式編年がある程度可能な長墓は，一番西側（すぐ側は崖）にある細い板状碑を最奥に立てた板状蓋石付積石長墓（第32号墓碑）であり，その形状から初期キリシタン時代の伏碑の系譜を受け継ぐ長墓と考えられる（図4）。長墓の長軸辺は163cm，短軸辺は103cm，最奥に立てられた板状碑は最大横幅22cm，地上露出背高50cmを計る。

　長墓に板状碑を立てる事例は，1622（元和8）年銘の川棚「冨永二介妻」墓碑があり，配石長墓の手前から約3分の2の位置に「CRVS」（クルス）などの銘文を陰刻した自然石碑を立てている。また同じ結晶片岩製の板状平型伏碑である柿泊第1号墓碑は，全長（192.0）に対し手前から91.5cmの位置（ほ

ぼ真ん中の位置）に十字架を立てたと思われる孔を穿っており，製作時期は17世紀前期と考えられる。

キリシタン墓碑の胴背面に孔を穿った墓碑は柿泊第1号墓碑を含め全国で8基確認しているが，1604（慶長9）年銘土手之元第1号墓碑が胴背面の中央やや手前に孔が穿たれているのに対し，1619（元和5）年銘重岡「るいさ」墓碑の孔は胴背面の後方に穿たれている。そのほか，胴背面に花十字紋を刻んだ墓碑の事例を含め，製作時期が新しくなるにつれ，胴背面の十字架は後方に移動していく傾向にある[3]。

以上の点から考えれば，当墓碑の最奥に立つ板状碑は十字架碑を意識して立てたと考えられ，その製作は，板状碑の位置から想定して，おそらく1600年代半ばかその前後ころに建碑されたのではないかと思われる。そのほか，同墓地で確認される第32号墓碑とほぼ同タイプの大型板状蓋石長墓約10基も，第32号墓碑とほぼ同時期に製作された可能性がある。また，古いタイプに位置づけられる板状蓋石付積石長墓は西側と南側（現墓地入り口付近）に集中していることから，当墓地の形成は西南側から始まった可能性が高い。おそらく墓地西南区域は，「ご先祖さまの墓」として改葬をせずに建碑当初のまま伝統的に守り続けてきた墓域だったように思われる。

ところで，当墓地の墓碑群はすべて無銘である。垣内と同じ深堀領飛び地の潜伏・かくれのキリシタン墓地である野中墓地などでは，1873（明治6）年以降のキリシタン黙認期になると，大半の長墓に洗礼名や実名などの文字が刻まれてくる。その点から考えれば，垣内墓地のほとんどの長墓は禁教期に築かれた可能性が高い。ただ，1873（明治6）年以降のかくれキリシタン墓には単なる配石や積石の長墓もあるため地上標識からだけの編年は困難で，発掘による地下遺構出土の共伴遺物に頼らざるをえない。

各墓碑の配列方向については，基本的に正面が北北西に向いている（図3）。ここでいう正面とは，細い板状碑を最奥に立てた板状蓋石付積石長墓を基準にした場合で，十字架碑と思われる細い板状碑が立つ側が後面に位置する。ただ墓地北側隅の数基は軸線がずれてやや西方向に向いているが，これは地形上の問題が影響していると考えられる。

また，垣内墓地では，集落みんなの「ご先祖さまの墓」として，長墓が誰の墓であるかわからないがただ祀りだけは欠かさずやっているという[4]。この点は外海・深堀領飛び地の潜伏キリシタン墓地に共通した事項で，現在でもかくれキリシタン

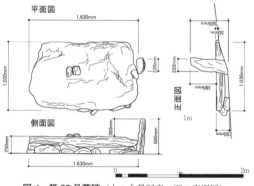

平面図　1,630mm

側面図　1,630mm

正面図　1,030mm

図4　第32号墓碑（上：全景写真　下：実測図）

集落である野中墓地でも同じである。墓碑自体が無銘であることもあるが，要は誰の墓か意識されやすい単婚小家族（一家族，イエ）のイエ墓ではなく，亡くなった順に前の長墓に詰めて埋葬したことが大きな要因であったと思われる。つまりは，帳方を軸にした信徒組織に集う全員が「大家族」（同族）の意識で墓地形成がなされた結果と考えられる。実際，現状の墓地景観からは「単婚小家族（一家族，イエ）」の区画を見出すことはできず，墓域全体が「大家族」を意識した墓地であることは明白である。だから，急斜面の山腹をわざわざ平地状に削平したり，野中墓地のようにもとから平地状の緩やかな斜面を墓地として選択して，信徒全員が同じ平地状の空間で埋葬されることを意識したと思われる。

(2) 垣内以外の深堀領飛び地の墓地

1862（文久2）年の「彼杵村三重樫山村，平村図」及び「彼杵村三重彼杵郡三重賤津村，黒崎村，永田村図」に示された「ハカ」（図5）は全体で72カ所（現在も37カ所が墓地として機能）が確認され，それらは一部の特殊事例[5]を除きすべて長墓で築かれ，しかも共同墓地としての機能をもった墓地である。

このことは，1862（文久2）年段階で飛び地集落全6カ村の住民が寝棺を前提としたキリシタン長墓を築き，しかもその事実を佐賀藩深堀領の役人自体が認知していたことを示している。

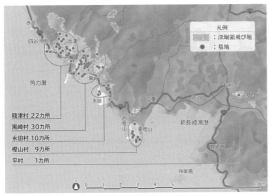

図5　文久2年絵図記載墓所（長瀬雅彦作成）

また，72カ所に及ぶ共同墓地は，潜伏時代における末端の信仰組織の存在と分布が想定され，その共同墓地の数だけ末端の信仰組織が存在していたことを示唆している。

ここでは，絵図記載の「ハカ」で，現在でもかくれキリシタン集落である野中集落の共同墓地を紹介することで，深堀領飛び地6カ村では長墓が近世を通じた一般的墓制であったことの傍証としたい。

野中墓地　野中集落（西出津町）は，世に言う「野中騒動」の舞台となった場所である。野中騒動とは，1867（慶応3）年，2枚の聖画（「十五玄義図」と「聖ミカエル図」）をめぐる潜伏信徒間の騒動をいう。そのことが一原因となって，現在もかくれキリシタンの集落として帳方をリーダーに存続し，すぐ近くのカトリック教会には属していない。

野中墓地は，集落手前の緩やかな斜面をなす山肌に築かれており，垣内墓地のように意識的に削平した状況は見出せない。現状の墓地構成は，文久2年絵図記載の墓所を中心に，その周辺を近代から現代の墓碑が取り囲むように築かれている（図6）。

墓域中心の絵図記載墓所は現在は荒れ果ててほとんど原形を留めていないが，すべて結晶片岩の積石長墓であり，可視範囲では約20基以上の長墓

が確認できる。また，地元民の話によれば，かつては亡くなった順に埋葬し，しかも時にはほかの集落の人たちが夜勝手に埋葬していったというから，被葬者が誰であるかほとんどわからないという。

当墓地は，潜伏時代の長墓遺構群としては，その残存状態はあまり良くない。ただ，その周囲を取り囲む近代以降の簡素な銘文入り長墓や現代のカロウト式墓は，現在も信仰を守るかくれキリシタンの人たちの墓であり，仏教形式の墓石を確認することはできない。つまり野中墓地最大の特徴は，潜伏時代からかくれキリシタン時代までの墓制が継続して認められる点にあり，近世を通じて築かれた長墓への拘りが理解される。

(3) 大村藩領における潜伏キリシタンの　　墓地・尾崎墓地

旧大村藩領外海の潜伏キリシタン集落に関わる典型的な共同墓地といえば，深堀領飛び地（下黒崎町）に接する上黒崎町の尾崎墓地である（図7）。当墓地は，舌状をなす山裾部分にあり，舌状先端部は急峻な崖をもって小川に至る。墓地の開発は小川を望む最下段から始まっており，最下段のみが平地状をなし，新しい墓石になるにつれて傾斜をもった山肌を活かして築かれている。最下段の平地状部分が，垣内墓地のように意識して削平した結果なのかどうかはわからないが，傾斜面利用の墓地景観はまさに仏教墓地そのものである。

墓石・墓碑の総数は463基である。そのうち約400基が仏教式の方形積石墓や方形配石墓，またその上に自然石碑や整形墓石を立てたものである。紀年銘や法名（戒名）などを刻んだ墓石は46基確認される。そのうち明らかに「釋」を付帯した戒名墓が35基，「南無阿弥陀仏」陰刻墓石が1基あり，旧大村藩領三重地区にある浄土真宗の正林寺（真宗大谷派）を檀那寺としたことを示している。

図6　野中墓地（一部）

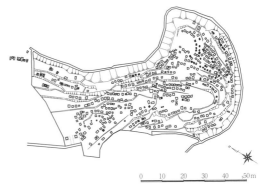

図7　尾崎墓地（長崎市提供）

残りの約60基が長方形状の積石墓や配石墓のキリスト教墓であり，その上に洗礼名や十字架を刻んだ墓碑が20基確認される[6]。

ところで，紀年銘に従えば，仏教墓は1780（安永9）年銘が最古で，1848（嘉永元）年までの40基が確認される。内訳は1800年以前の墓石が13基，1800年から1848年までが28基である。そのうち最古の1780（安永9）年銘墓石を含む1800年以前の13基と1800年以降の36基（34基は1830年代以前，ほかの2基は1840年代）は最下段の平地状墓地を中心に建塔され，ほかの6基（紀年銘は1826，1830，1832，1846，1847，1848年）が舌状部分の中段に建塔されている。

それに対し，洗礼銘や十字架などを刻み，また長方形状の積石墓や配石墓となっているキリスト教墓碑はすべて舌状地形の上段に築かれている。紀年銘では，キリスト教黙認の1873（明治6）年以降の墓碑が13基確認され，1875（明治8）年から1932（昭和7）年までの紀年銘をもっている。ただ，1873（明治6）年以前のキリスト教墓が3基（1853〈嘉永6〉年，1864〈元治元〉年，1871〈明治4〉年）確認される。この3基は，おそらく1873（明治6）年以降に築かれた墓碑で，紀年銘のみ死亡年に従ったものと考えられる。

ところで，当墓地の初源は，紀年銘に従えば1780（安永9）年銘が最古である。ただ，整形墓塔を伴わない方形の配石墓や積石墓は1780（安永9）年以前に遡る可能性が高く，遅くとも1700年代半ばころにはすでに墓地として機能していたと思われる。

尾崎墓地は仏教墓とキリスト教墓が混在した墓地ではあるが，時系列にみれば禁教期が仏教墓，黙認期以降がキリスト教墓に分類される。つまり，禁教期の尾崎墓地では，たとえすべての住人が潜伏キリシタンであっても寝棺を前提にしたキリシタン長墓を築くことはできず，すべて坐棺を前提にした仏教式の方形墓しか築くことができなかった。しかも，その方郭の積石墓に整形の立石墓塔を立てる場合には，檀那寺である正林寺から頂いた戒名を刻むことを強制された。おそらく，葬儀・葬送・埋葬に至るすべての葬祭儀礼で，監督役人の検使目付や横目の厳しい監視が入ったものと思われる。このような郡崩れ以降の大村藩の厳しいキリシタン取り締まりを考えれば，尾崎墓地での仏教墓石築造は当然の帰結であったと考えられる。

*

これまで大村藩領の典型的な潜伏キリシタン墓地である尾崎墓地を対比資料として，垣内の潜伏キリシタン墓地を中心に深堀領飛び地の共同墓地とその特異性について述べてきた。とくに外海南部の潜伏キリシタン集落にあっては，共同体イコール非合法の信仰組織そのものであったから，共同墓地への埋葬はイエと共同体がキリスト教という非合法の宗教をより強く共有する行為をも意味していた。だから垣内墓地を典型とする深堀領飛び地6カ村の共同墓地では，御禁制の長墓と共同体（大家族）への連帯に最後まで拘ったと考えられる。

垣内墓地は，深堀領飛び地6カ村の一事例であるが，近世を通じて築かれたキリシタン長墓群としてその資産的価値は極めて高いものであり，キリシタン史上特筆すべき文化遺産と位置づけられる。

なお，コリャード徴収文書に登場する「そのぎ村　喜々津薩摩あんてれ　Andres」に比定される大型積石長墓（短軸140〜144cm，長軸220cm）が，旧大村藩域の東彼杵町中尾郷で確認される[7]。徴収文書に署名したキリシタンの墓は初めての事例だと思われるが，紙面の都合上，ここでは割愛する。

註

1) 松田毅一『近世初期日本関係　南蛮史料の研究』（風間書房，1981）所収の第四文書「元和八年三月大村ロザリオ組中連判書付」（pp.1181‐1191）

2) 大石一久「外海の潜伏キリシタン墓―佐賀藩深堀領飛び地六カ村と大村藩領の潜伏キリシタン墓の比較―」『天地始まりの聖地―長崎外海の潜伏・かくれキリシタンの世界―』批評社，2018

3) 大石一久「日本キリシタン墓碑総覧―分析と課題―」大石一久 編『日本キリシタン墓碑総覧』南島原市教育委員会　2012

4) 父の代までかくれキリシタンだった垣内の故・松崎武氏からの聞き取りによる。

5) 河内墓地（下黒崎町）の長墓群の一画に1727（享保12）年銘で「石峰宗鐵信士」の戒名と「山口与左門」の俗名を陰刻した自然石仏教墓がある。旧深堀領6カ村で唯一の近世仏教墓であるが，被葬者の山口氏は潜伏キリシタンでありながら旧深堀領黒崎村の子役人で庄屋を勤めた人物である。その身分上の制約から，仏教墓を築いた可能性が高い。

6) 長崎市・扇精光コンサルタンツ株式会社『平成28年度　外海地区墓地調査業務委託報告書』2017

7) 大石一久「潜伏キリシタンとその墓制―とくに平戸市草積町の三界万霊塔とキリシタン長墓について―」〔2016‐2021年度　日本学術振興会科学研究費補助金基盤研究（B）報告書『覚醒する禁教期キリシタン文化』（16H03514）〕

奥州のキリシタン類族の墓

遠藤栄一　ENDO Eiichi

一般財団法人奥州市文化振興財団
奥州市埋蔵文化財調査センター

東北地方のキリシタン禁教期を，発掘調査成果
と伝世メダル（メダイ）に着目して検討する

　近年，岩手県奥州市では，発掘調査によりメダルなどのキリシタン遺物が出土している。胆沢地方は，かつて，キリシタン武士として有名な後藤寿庵の知行地であった。寿庵は伊達政宗の家臣であるが，その動向は1611（慶長16）年〜1624（元和9）年12月のおよそ14年間に限られるものであり，慶長遣欧使節や東北キリシタンの布教活動に大きく関与した謎の多い人物である。後に，仙台藩のキリシタン弾圧が激化する中，寿庵に対しても棄教を迫られ，最後には逃亡したとされている。逃亡後の足跡は不明であるが，様々な伝承が各地に残されている。

　寿庵は胆沢郡見分とその周辺を知行地として，福原（奥州市水沢字福原）に居館（寿庵舘跡）を置いたとされている。その家臣もキリシタンとされるが，寿庵逃亡後，残された家臣は，転宗して水沢領主である水沢伊達（留守）氏に類族足軽として召し抱えられている。この類族足軽の子孫宅には17世紀初頭前後と考えられるメダルが残されており，貴重なキリシタン遺物として評価されている。また，寿庵の知行地周辺では，二本木遺跡の発掘調査により，キリシタン類族と考えられる墓跡が検出され，メダル状銅製品やガラス珠などが出土している。福原遺跡では，墓跡から17世紀初頭前後のメダルが出土しており，寿庵知行地で布教期から禁教期に至る遺構・遺物が検出されている。

　本稿では，禁教期におけるキリシタン類族の墓と出土遺物，そして福原に残された伝世メダルに着目して，キリシタン類族や潜伏キリシタンの様相を紹介していきたい。

1　二本木遺跡のキリシタン類族の墓

　二本木遺跡は，奥州市胆沢南都田字清水下地内に所在し，胆沢扇状地の水沢段丘高位面と低位面の境付近に立地する。標高は約82〜83mである。調査区の南側には，江戸時代の脇街道である仙北街道が東西に通じている。

　発掘調査では，江戸時代の墓跡15基が検出されている。墓跡の重複は激しく，複数年に亘る同族の墓地と考えられ，そのうちのSK14墓跡からメダル状銅製品とガラス珠が出土している。この墓地については，調査以前から墓石が無く，隣接する民家との関連性がないことから，年代については不明であった。しかし，墓跡の出土遺物には，寛永通寶（古寛永・新寛永・鉄一文銭）と仙台通寶が出土していることから，18世紀以降に埋葬されたことがわかった。

　SK14墓跡は，規模が南北0.89m，東西0.98m，深さ0.61mを測り，床底からは木棺の底板とわずかな側板が検出されている。木棺は，当地方で一般的な箱型の座棺である。出土遺物は，寛永通寶古寛永銅銭（SK14-1・2・5）5枚，新寛永銅銭（同-6）1枚，仙台通寶鉄銭4枚，不明銅銭1枚，銅製煙管（同-9）1点，煙管羅宇2点，和釘（同-12・13）14点（小破片含む），メダル状銅製品（同-14）1点，ガラス珠（同-15〜17）54点などが出土している。また，人骨は見られなかったが，人歯2点が底板直上で出土している。

　メダル状銅製品（SK14-14）は，長さ1.7cm，最大幅1.0cm，最大厚0.2cm，重さ0.8gを測る。表裏面は，錆などによる腐食で図像が不明であるが，下部に突起がみられ，装飾付メダルの可能性がある。ガラス珠は緑色珠（同-15）が2個で，直径0.33cm前後，黄色珠（同-16）が8個で，直径0.45cm前後，白色珠（同-17）が44個で，直径0.4cm前後，すべての中心に孔が施されている[1]。

　ガラス珠については，各地のキリシタン墓から出土例をみられるが，その形状からロザリオ珠に限ったものではない。そのことから慎重な検討が必要であるものの，メダル状銅製品と共伴して出土したことにより，その可能性は否定できないものと考える。また，三色の珠であることから，緑色珠2個と黄色珠8個は区切り珠などで，白色珠44個はロザリオの基本構成を成している小珠の可能性がある。

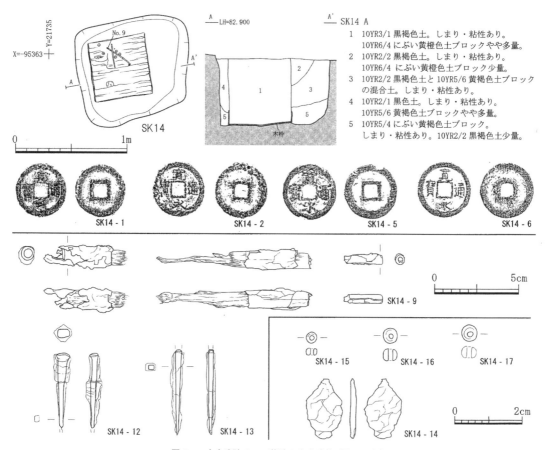

図1　二本木遺跡 SK14 墓跡の出土遺物（註1より）

2　福原遺跡のキリシタン墓

　福原遺跡は，奥州市水沢字福原・町裏地内に所在し，胆沢扇状地内の中位段丘である福原段丘上，標高約63mに立地する。前述したが，江戸時代初期の福原は，後藤寿庵の居館が置かれた本拠地である。西端に位置する寿庵の居館跡（寿庵館跡）から東へと，東西に道路が連なる福原小路を形成して，小路を挟んで南側と北側に家臣屋敷が配置されている。現在でも，一部がバイパス道路によって分断されているが，その歴史景観は残る。調査区は福原小路の南東側に位置する。

　発掘調査では，墓跡群が検出され，等高線に沿って東西直線上に並列して配置されていた。墓跡は，形状が長方形を呈する寝棺墓と考えられ，一部の墓跡からは人骨も出土している。そのうち1基の墓跡からメダルが1点出土している。メダル（口絵参照）は，長さ2.8cm，最大幅2.1cm，最大厚0.3cm，重さ4.02gを測る。形状は，全体が錆や腐食がみられるものの，一面には「磔刑のキリ

スト」が鋳出されており，左下には人物のような図像がわずかながら確認できる。片面は，腐食が激しく図像が不明である。材質は，鉛と錫の合金である。上部は欠損しているが，鈕と思われる突起が付属している[2]。このメダルは，神戸市立博物館蔵のメダル（表：磔刑のキリスト・聖母マリア・聖ヨハネ，裏：無原罪の聖母）と極めて類似しており，17世紀初頭前後の遺物と考えられる。

　福原遺跡の墓跡群は，胆沢地方の江戸時代中期（18世紀）以降に主流であった箱型の座棺墓ではないことから，江戸時代初頭から前期頃（17世紀前半）の墓跡と推察される。また，17世紀初頭の福原では，キリシタンの殉教者が埋葬されたという記事がイエズス会史料からも散見されており，そうしたことから布教期におけるキリシタン墓地の一角ではないかと推察される。

3　福原類族足軽と伝世メダル

　古くから福原には伝世されたメダルが残っており，類族足軽である菊地家に4点と鈴木家に2点

の計6点が現存している。キリシタン研究の郷土史家菅野義之助は，福原地内において，数点のメダルを確認しており，そのことについて調査報告書[3]で以下のように記述している。

「禁教時代の遺物として福原部落に現存して居るものに就いて記載する同部落からは數多のメダイが發見されて居る畑の中から發掘されたものもあり煤掃の際床下より發見したといふ古い袱紗に包まれたものもあり前記觀音堂に安置せられたものもあり前後十數箇に上つて居る中にて壽庵居館の附近より發見せるもの三箇は火災のためにその他は諸方に散佚し余の大正二年に同地に赴ける際にはなお同地の諸所に保存せらるゝものを集むれば七八箇ほどあつたが現在では同地には僅に四箇外に余の手元に一箇都合僅に五箇存在するのみとなつたのは頗遺憾のことである」（下線，筆者）。

この記述によると，菅野は1913（大正2）年に，7，8個のメダルを確認していることがわかる。現在確認できるメダルと照らし合わせると，「煤掃の際床下より發見したといふ古い袱紗に包まれたもの」が鈴木家伝世メダルで，「觀音堂に安置せられたもの」が菊地家伝世メダルで，現存する状態と一致している。これらのメダルが現在，福原で確認できる伝世メダルである。

菊地家の伝世メダルは，現在までに4点が残っており，福原で広く知られているメダルである。ただし，4点のうち2点が，明治時代以降になんらかの事情で含まれたメダルである。布教期のメダルは2点が現存しており，そのメダル（口絵参照）が，「聖体礼拝（表面）・IHS［イエズス会の紋章］を見上げる聖イグナチオ・デ・ロヨラ（裏面）」と「無原罪の聖母（表面）・聖痕を受けるアッシジの聖フランシスコ（裏面）」である。これらのメダル2点は，板付きの小箱に納められていた。この小箱は長さ7.5cm，幅5cmで，長さ21cmほどの長方形の板に取り付けられたもので，さらに小箱の中には鑵状の金属製容器があって，メダルが麻布に包まれて保管されている。このメダルと小箱については，菅野の調査報告書によると，菊地家敷地内にある観音堂の柱に釘付けされた箱に2個のメダルが納められていたという。この板の裏面には「于時天明二壬寅十二月三十日造之／佐々木氏／重郡（花押）」と墨書されている。この観音堂については，かつてマリア木像が安置され，子安観音と呼ばれていたが，現在はそのマリア木像は消

図2　天明2年銘の板付き箱
（奥州市教育委員会蔵，S=1/4）

失している。菅野の調査報告書によれば，以下のような経緯がある。「該觀音は福原の住民は官憲の抑壓のために一時轉宗したものゝ中には全く昔時の信仰を抛棄し得ぬものがあつて昔時の天主堂内に安置せるマリヤの像を隠し置き觀音と稱し堂を建てたのであつたが僧侶に觀音の像にあらざることを看破された結果一時觀音の像に交換してみたものゝ時の縁由を聞知し居る子孫は其の儘に觀音像を止め置くことが出来ず天明二年には竊に隠し傳へたるメダイを函に嚴封し前記の形のものに作りて觀音像と代へたものと推せらるゝのである。（函ノ作リ主ハ佐々木四郎兵衛ト云ツタ人デ今ソノ子孫ハ福原ニ住ンデ居ル）」。以上のことから考えると，布教期のメダル2点がマリア木像の代わりに納められていたことがわかる。

菊地家と同じ類族足軽である鈴木家にも，2点のメダルが現存している。メダルは，「天使聖体礼拝（表面）・LOVVADO SEIA O SANCTISS[IMO] SACRAM[ENTO]（裏面）」と「無原罪の聖母（表面）・聖カロルス・ボロメウスと磔刑のキリスト（裏面）」であり，保存状態は良好である。

両家4点のメダルは，材質が2点とも鋳造による真鍮製と推察されることや，すべての図像が西日本の伝世メダルと類似するものであることから，17世紀初頭前後に持ち込まれた可能性が高いと推察する。

4　仙台藩領北辺のキリシタン

遺跡と伝世メダルが分布する地域は，福原（福原遺跡を含む）と二本木遺跡である。後藤寿庵の本

拠地である福原では，菊地家と鈴木家の伝世メダルと福原遺跡があり，布教期から禁教期の連続性があることを端的に示している。二本木遺跡については，18世紀以降の類族墓である可能性があることを前述したが，もともと，この地は江戸時代に都鳥村と呼ばれており，寿庵の知行地に含まれていた。寿庵の知行地は，福原が所在する見分村と，塩釜村（奥州市水沢中心部），南下葉場村・都鳥村（奥州市胆沢南都田）であり[4]，その範囲が水沢中心部から胆沢南都田の西へと分布している。地理的には，寿庵の知行地内を東西に仙北街道が横断し，福原や二本木遺跡が位置している。胆沢扇状地を横断する仙北街道は，福原を拠点とした宣教師が津軽・出羽方面へ布教活動のために往来した街道でもある。藩境付近には下嵐江の銀山（鉱山）があり，イエズス会宣教師ディオゴ・カルヴァーリョが潜伏した場所でもある。

また，胆沢扇状地は，江戸時代初頭から新田開発が始まり，寿庵によって開鑿された「寿安堰」と呼ばれる用水路がある。寿庵の逃亡により一時中断するが，後に完成して豊かな穀倉地帯となる。こうした位置関係から，寿庵の知行地周辺には多くのキリシタンが存在していたとされる[5]。

胆沢郡では，禁教期における類族の存在を知る史料として類族牒（帳）などが残っている。若柳村（奥州市胆沢若柳）の『若柳惣之町阿部家文書』[6]には，キリシタン類族に対する監視・取り締まりの諸規定が記載される「古切支丹類族御格式」がある。その後文には，監視対象とされていたキリシタン類族の人名が記載される「古切支丹類族牒」もあって，仙台藩領北辺地域（岩手県南）の広範囲においてもキリシタン類族が分布していたことが窺われる。

胆沢郡に残るキリシタン遺物と類族牒は，布教期から禁教期の足跡を残している。そして，仙台藩領北辺におけるキリシタンの実態を表す底流であり，その実像を解明する手立てとなる数少ない歴史資料・史料である。

註
1) 奥州市埋蔵文化財調査センター『清水下遺跡・二本木遺跡』奥州市埋蔵文化財調査センター報告書12，2014
2) 遠藤栄一「北東北キリシタンとその痕跡―岩手県奥州市の出土メダイと伝世メダイ―」立正大学考古学会『考古学論究』21，2021
3) 菅野義之助『後藤寿庵の事績とその住地附近の切支丹史實に關する調査』岩手縣史蹟名勝天然記念物調査報告8，岩手県，1927
4) 佐々木徹「後藤寿庵」五野井隆史『キリシタン大名』宮帯出版社，2017
5) 水沢市史編纂委員会 編『水沢市史』三　近世（下），水沢市，1982
6) 奥州市教育委員会『胆沢の古文書 若柳惣之町阿部家文書解読編20』奥州市胆沢古文書資料集24，2020

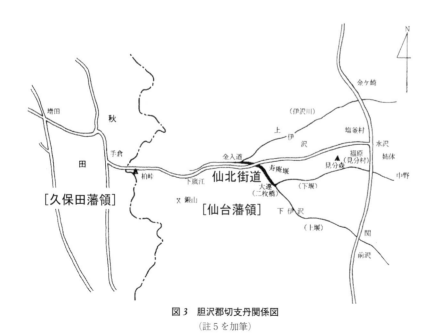

図3　胆沢郡切支丹関係図
（註5を加筆）

図4　『古切支丹類族御格式』
（奥州市教育委員会蔵，S=1/4）

縄文時代後期前葉の焼人骨埋葬

新潟県上野遺跡

構成／平　慶子・奈良貴史・加藤　学・石川智紀
写真提供／(公財)新潟県埋蔵文化財調査事業団

新潟県の北部・村上市に所在する縄文時代後期前葉の大規模な集落である。集落の縁辺で検出した焼人骨集積土坑では，4個体以上の焼人骨が埋葬された様子が明らかになった。新潟県阿賀野市土橋遺跡とともに，焼人骨の埋葬方法を具体的に把握できる数少ない事例であり，縄文時代の葬制を考えるうえで極めて重要な資料といえる。

上野遺跡遠景（西から）

敷石建物
炉を中心に，床面に扁平な川原石が敷かれている。建物外周を円形にめぐる柱穴は，側柱と見られる。

新潟県上野遺跡

焼人骨集積土坑の検出状況
楕円形の土坑南側でまとまって出土した礫は，
葬送に伴い設置されたと見られる。

**新潟医療福祉大学構内に設置された
整理作業所内での焼骨出土状況**
（オルソ画像）
四肢長骨が1辺50〜60cmの方形に配置されて
いる。

0　　　　　　　　　　　　　　50cm

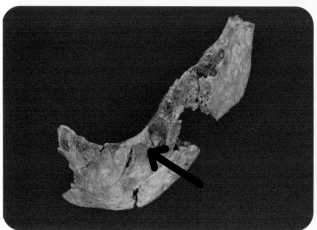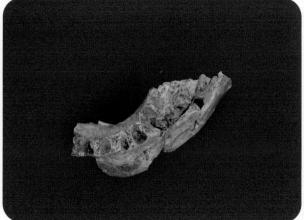

抜歯習俗の有無
左側切歯・犬歯部の歯槽の吸収が確認された下顎骨（左）／歯槽の吸収が認められない下顎骨（右）

出雲国随一の山林寺院

島根県史跡鰐淵寺境内

（がくえんじ）

構成／石原　聡
写真提供／出雲市文化財課

浮浪滝（ふろうのたき）

古代から滝を中心とした修験場として栄える。寺号の「鰐淵」（わにぶち）は，この滝壺に落とした仏器を鰐がくわえてきたことによるとされる。

僧坊跡から出土した陶磁器・土師器類

（僧坊跡発掘調査の出土遺物）

中世の青白磁梅瓶・天目茶碗など貴重な陶磁器が出土した。

根本堂（正面・東から）

根本堂内の厨子に千手観音・薬師如来の両本尊を祀る。根本堂を含めた周辺の形成について新たな成果が加わった。

根本堂南側の調査（南東から）
根本堂南側（護摩堂跡）周辺の発掘調査を実施した。

根本堂南側（護摩堂跡）の調査
江戸期の絵図に描かれていた護摩堂について，建物礎石の下部遺構を確認した。

護摩堂跡下層の調査
護摩堂の遺構面よりさらに下層で遺構を確認した。中世期，さらに古代の焼土層を確認した。

縄文時代後期の焼人骨集積土坑の調査

新潟県村上市上野遺跡

平 慶子・奈良貴史・加藤 学・石川智紀
新潟医療福祉大学　　　　　　（公財）新潟県埋蔵文化財調査事業団

1　遺跡の概要

　上野遺跡は，新潟県の北部・村上市に所在する縄文時代後期の集落である（図1）。三面川の支流・高根川右岸の扇状地上，標高約30〜39mに立地する。本遺跡の本発掘調査は，国道7号朝日温海道路建設に伴い2017年度から開始され，現在，第7次調査を行っている。

　これまでの調査の結果，延長350mの間に縄文時代後期前葉の大規模な集落が検出されている。遺物包含層は，Ⅲa層，Ⅲb層，Ⅲc層，Ⅲd層の4層に分層され，黄色系（Ⅲa層・Ⅲc層）と黒色系（Ⅲb層・Ⅲd層）が互層をなしている。いずれも土砂流による堆積物（風化花崗岩／真砂土）を基調とするが，土壌化が顕著な時期と，そうでない時期が交互に認められる。遺構検出面は，Ⅲb層上面，Ⅲc層上面，Ⅲd層上面，Ⅲd層下面の4面で認められ，遺跡が累積することが特徴的である。

　遺跡は，平坦部に築かれた居住域と，流路沿いの廃棄域から構成される。居住域では，平地建物，掘立柱建物，竪穴建物，敷石建物，土坑，土器埋設遺構など約5,000基の遺構を検出している。平地建物を構成する柱穴の数は極めて多く，居住域の中心部は蜂の巣のような状態である。建物を繰り返し建て直した結果と考えられるが，全貌については検討中である。

　遺物は，流路沿いの廃棄域を中心に多量に出土しており，出土量は収納箱（54 × 34 × 10cm）で約4,000箱にも達する。縄文土器は，後期前葉の三十稲場式新段階から南三十稲場式古段階に相当するものが中心であるが，南東北，関東，信州などの特徴をもつ土器もあり，広域な交流があったことがうかがえる。土製品には土偶，耳飾，土錘，土器片円板などがあり，ウニまたはクリのイガに似た3点の不明土製品は，類例もないのでとくに注目される。石器は石鏃・石匙・石錐・打製石斧・磨製石斧・板状石器・石錘・石皿・磨石類，石製品は石棒・石冠・線刻礫などがある。

2　焼人骨集積土坑の検出

　本稿の主要なテーマである焼人骨集積土坑（SK439）は，集落の西側縁辺部，流路に面した緩斜面のⅢb層中で検出した。土坑の上面を検出した時点で焼骨が濃密に含まれることが確認され，人骨である可能性が考えられた。骨学の専門家からの指導を得る必要性があり，その後，新潟医療福祉大学と連携して調査を進めることとした。

図1　遺跡位置図

　土坑の形状は，長さ1.5m，幅1mほどの楕円形で，深さは30cmほどである。埋土の上位から底面付近まで焼骨が多量に含まれ，上部ではランダムに集積していたが，底部付近では意図的な配置が認められた。また，土坑内南側の埋土最上部から礫がまとまって出土したが，埋葬に伴い設置されたと見られる。焼骨は脆く，発掘調査現場での詳細な調査・記録が困難であることから，周囲の調査を終えた後に土坑周辺を地山ごと切り取り，室内で調査を進めている。

3　焼人骨集積土坑の調査

　同定できる骨片および3cm以上の骨片は，平面座標と出土レベルを記録し，出土状況の写真撮影を行っている。同定できない3cm未満の骨に関しては，土坑内に設定した16ヵ所の小グリッドごとに一括で取り上げている。現在取り上げ点数は1,000点を超えている（2023年4月5日現在）。土坑の底部に近づくにつれて，四肢長骨が方形に囲んでいるような配置が認められ，その方形の角は四方位と一致しているように見える。土坑の南壁付近からは，大腿骨の上に上腕骨がクロスするように重なり合い，西壁沿いは左

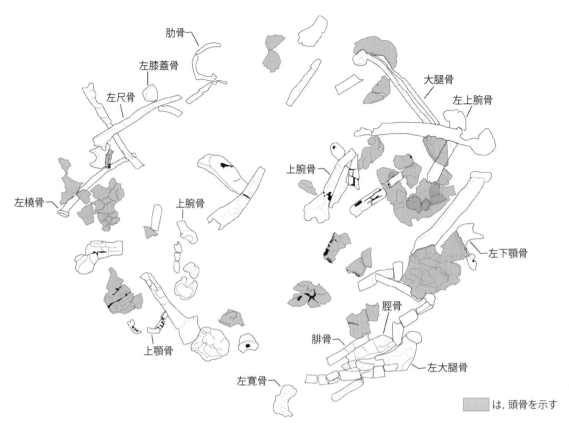

図中ラベル:
肋骨　左膝蓋骨　左尺骨　左橈骨　上腕骨　上腕骨　上顎骨　左寛骨　大腿骨　左上腕骨　左下顎骨　脛骨　腓骨　左大腿骨

は，頭骨を示す

図2　土坑下部における焼骨出土状況（細片は除く）

大腿骨，左右不明の脛骨と腓骨が並列に配置され，その下には寛骨が確認された。また，土坑の各所から頭骨の内側が上になった状態で重なり合い検出された（図2）。以上の点から現在までのところ，骨がランダムに遺棄されたものではなく，何らかの意図をもって置かれたものと思われる。さらに骨の色調状況を観察すると，骨の内側面が黒色のものもあるが，全体的に骨の表面は，ほぼ白色または灰白色をしていることから，被熱していると思われる。被熱している骨の色調変化は焼成温度と密接に関連しているといわれる。例えば，黒色は500℃前後，灰白色は600℃以上，白色はさらに高く800℃以上の高温で長時間焼成されたとされる。この土坑人骨に当てはめると，ほとんどが600℃〜800℃以上の高温で，長時間焼成されたと思われる[1]。そのため，野火などの意図しない被熱の可能性は高くないと考える。また，リング状の亀裂が入っている四肢長骨が認められたが，このような四肢長骨の亀裂は，骨が軟部組織に覆われた状態で焼かれた際に生じることが指摘されており[2]，この土坑の骨も同様に，軟部組織が付着している時に，高温で長時間焼かれたものと思われる。土坑内の堆積土は，白色の骨片だけで充填されている状態で，炭化物が極めて少ないことを見ても，おそらく他所で焼かれた骨を集積して埋葬したと推定される。同定できた骨はすべてヒトである。部位としては，側頭骨・後頭骨・上顎骨・下顎骨（左第1大臼歯含む）・頚椎・胸椎・腰椎・上腕骨・橈骨・尺骨・肋骨・指骨・大腿骨・膝蓋骨・腓骨・踵骨といった全身の骨が確認されている。また，下顎骨のオトガイ部が4つ遺存していることから，現時点での最小個体数は4体である。また，前歯部の歯槽が確認できた下顎骨4個体のうち，1個体の左側切歯・犬歯部の歯槽が吸収されており，縄文時代に盛行した抜歯習俗によるものと思われる。

以上の成果は，縄文時代の葬制を考える上で重要な資料といえ，今後，詳細に分析を進めていく予定である。なお，本稿は中間報告であり，今後の調査の進展により評価に変更が生じる可能性があることを断っておく。

註
1)　Shipman, P., Foster, G., and Schoeninger, M. Burnt bones and teeth: an experimental study of color, morphology, crystal structure and shrinkage. *Journal of Archaeological Science*, 1984, 11, pp.301-325. Nicholson R.A. A morphological investigation of burnt animal bone and an evaluation of its utility in archaeology. *Journal of Archaeological Science*, 20, pp.411-428

2)　池田次郎「出土火葬骨について」奈良県立橿原考古学研究所 編『太安萬侶墓』1981，pp.79-88

史跡鰐淵寺境内の考古学的調査成果

島根県出雲市史跡鰐淵寺境内

石原　聡
出雲市文化財課

天台宗の古刹浮浪山鰐淵寺は，島根県出雲市別所町に所在する。平成28（2016）年3月1日に境内全域（約288ha）が「鰐淵寺境内」として国史跡となった。鰐淵寺の所在する島根半島と南側の中国山地との間に，出雲平野など低地が広がる。出雲平野の北縁をなす北山（島根半島西側一部の呼称）は，標高536mの鼻高山を最高峰にして標高500m前後の山々が並んでいる。

鰐淵寺は，北山から日本海へ向かって急激に下る鰐淵寺川沿いの山間緩斜面に位置しており，平成21（2009）年度から島根大学を中心とした科学研究費による総合調査が実施され，文献史学・建築史学・美術・工芸・自然環境・考古学と多方面からの研究が進められ，その成果は平成24（2012）年3月に報告された[1]。出雲市は，考古分野の発掘調査・分布調査を担当しており平成26（2014）・令和3（2021）年度に埋蔵文化財報告書を刊行した[2・3]。

1　鰐淵寺の歴史

鰐淵寺は，もと鰐淵山と称し，古代以来，浮浪滝を中心とする山林修行，修験場として発展してきた。

創建は，推古天皇2（594）年，智春上人の開基と伝わる。寺号の「鰐淵」は，上人が滝のほとりで誤って滝壺に落とした仏器を，鰐（鮫）がくわえてきたこ

とによるとされる。平安期以降の当地は，浮浪滝を中心に修験場から発展した蔵王信仰の拠点として栄えた。仁平3（1153）年銘の石製経筒（重文）には「鰐渕山金剛蔵王宝窟」と記されている。また平安時代末期の『梁塵秘抄』にも「聖の住所」の一つに詠われるなど，修験場として広く知られていた。

延暦寺の末寺としての「浮浪山鰐淵寺」が成立したのは12世紀後半とみられる。当時，鰐淵寺は千手観音を祀る「北院」と，薬師如来を祀る「南院」の2つの集団に分かれており，鎌倉期の文書にも「北院和多坊」「南院桜本坊」などの僧坊名がみえる。その後14世紀中頃の両院統一により現在の根本堂を中心とする伽藍が成立したと考えられている。

鰐淵寺の歴史のなかで特筆すべきが杵築大社（現在の出雲大社）との関係である。北山の東西で約6kmの距離にある鰐淵寺と杵築大社は，平安期から戦国期にかけ神仏習合の中でその関係を深め，杵築大社での重要な祭事において鰐淵寺の僧侶が大般若経の転読をおこなうなど，強い結びつきをもつに至った。文書によると，鰐淵寺が「国中第一之伽藍」と称される一方，大社は「国中第一之霊神」と呼ばれ，両者が宗教上，対を成して出雲国を代表する存在であったことがうかがえる。また中世の杵築大社において祭神が素盞鳴尊とされていたことも，鰐淵寺において蔵王権現を素盞鳴尊の化身とみていたことによると考えられる。

近世に入ると，杵築大社は祭神を大国主神に改め，また寛文の造替（1667年）の頃，境内の三重塔や鐘楼を撤廃するとともに，鰐淵寺僧による祈祷は無用なものとするなど神仏分離を進めたため，鰐淵寺と杵築大社との関係は薄れていった。

鰐淵寺には重要文化財に指定された銅造観音菩薩立像（飛鳥時代）や石製経筒，銅鐘，絹本著色毛利元就像をはじめとして，重要文化財8点，県指定文化財11点を筆頭に夥しい数に上る仏像・仏画・仏具などの寺宝類が残されている[4]。

2　考古学的調査の成果

科研総合調査に併せ出雲市は，平成22（2010）年度から発掘調査・分布調査を行い，平成28（2016）年に国史跡指定となった後も令和2（2020）年度まで発掘調査を行った。

図1　鰐淵寺の位置

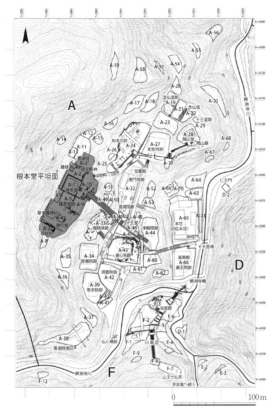

図 2　鰐淵寺境内の中枢域

根本堂は，境内中枢域の最上段，西側の平坦面にある。この平坦面が 14 世紀の北院・南院の統一の時期に形成されたものなのか，あるいは，さらに古い時期から活用されていたのか，分布調査の結果では不明であり，具体的に発掘調査で確かめる必要があった。

根本堂周辺の発掘調査は，平成 29 年度から行い，護摩堂跡平坦面（標高 164m 前後）で，かつて戦国期から近世に建っていた護摩堂建物の礎石位置を確認したほか，護摩堂が建つ以前，古代までさかのぼる焼土層をトレンチ調査で確認した。平坦面の造成時期は，AMS 年代測定結果や古代瓦の出土により少なくとも 11 世紀頃までさかのぼる可能性が高くなった[3]。根本堂平坦面が，従来の 14 世紀北院・南院の統一期に新たに造成されたとする考えには再検討が必要となった。古代の山寺は，まず最上段に中心となる堂舎が建てられ，その堂舎より低い場所に僧坊が建てられていく傾向にある[5]が，鰐淵寺もまた中枢域の奥まった最上段から形成された可能性がある。

3　まとめ

鰐淵寺には平安時代にまでさかのぼる文献史料が少なく古代の活動の様子が不明瞭であった。今回，根本堂周辺の発掘調査で焼土層や古代の須恵器・瓦などを確認したことにより，古代鰐淵寺の実態をつかむ手がかりを得ることができた。

僧坊があったと考えられる平坦面の多くは根本堂を中心としてまとまっていたのである。

鰐淵寺中枢域は，浮浪滝を中心とする修行の場（鰐淵山）から，延暦寺末寺としての浮浪山鰐淵寺が成立し，根本堂を中心とする主要堂舎が整備され，本格的に整備されるものの，その活用は古代にまでさかのぼる可能性が高い。

古代からの活動があった中枢域は，中世を中心に造成を繰り返しており，現在も境内の中枢部として機能し，法統を継ぐ山林寺院の貴重な事例である。

発掘調査は，平成 22 年度和多坊跡，平成 23 年度等澍院南区，平成 24 年度鰐淵寺川南区，平成 29 年度根本堂周辺，平成 30 年度開山堂周辺，令和元年度覚城院・恵門院跡平坦面，令和 2 年度本覚坊跡とそれぞれトレンチでの限定した範囲の調査であったが境内各地の発掘調査を実施した。

分布調査は，周辺地域と境内地で行っており，周辺地域の分布調査では境内より北西方向に位置する唐川地域をこれまで北院の推定地としていたが僧坊跡の痕跡はまったくみられず，所在について再検討することとなった[1]。境内の分布調査では，境内各地で古代の須恵器片や中世期の陶磁器を多数採集した。また，境内の中枢域で 122 箇所の平坦面を確認した。そのうち，墓地や小規模平坦面を除く約 90 箇所が堂舎や僧坊が建てられた可能性のある平坦面であった。これまで，正平 10（1355）年の起請文に連署した僧（大衆）89 名の人数を根拠に，北院・南院合わせた僧坊数は 80 前後と考えられていたが[1]，分布調査の結果，現境内の中枢域に南北両院とも所在していたことがわかった。　史跡指定後の調査は，指定までに行った分布調査・発掘調査の課題を整理し，解決するための調査であった。

課題の一つとして挙げられたのが，根本堂平坦面の造成時期の問題である。

註

1) 井上寛司ほか『鰐淵寺の歴史的・総合的研究―日本宗教の歴史的・構造的特質の解明のために―』科研研究成果報告書（課題番号 21320123），2012
2) 石原　聡ほか編『出雲鰐淵寺埋蔵文化財調査報告書』出雲市の文化財 28，出雲市教育委員会，2015
3) 原　俊二・石原　聡編『史跡鰐淵寺境内発掘調査報告書 1』出雲市の文化財 49，出雲市教育委員会，2022
4) 曽根研三「鰐淵寺史の研究」『鰐淵寺文書の研究』松陽印刷所，1963。井上寛司編『出雲國　浮浪山鰐淵寺』浮浪山鰐淵寺，1997。鰐淵寺文書研究会『出雲鰐淵寺文書』法蔵館，2015。井上寛司編『出雲鰐淵寺旧蔵・関係文書』法蔵館，2018
5) 久保智康「宗教空間としての山寺と社―古代出雲を例に―」『季刊考古学』121，雄山閣，2012

考古学とジェンダー

岡山大学教授
松本直子
（まつもと・なおこ）

ジェンダー考古学が提示する多くの論点は，これまでの，そしてこれからの人類史の理解について新たな可能性をもたらそうとしている

ジェンダーと考古学に対する一般の関心は高く，自治体などが主催する市民向けの講座を依頼されることも多い。大学の授業でも学生の関心は高い。それは，ジェンダーの問題が現代社会において深刻な課題であり続けていること，それを解決するために，ジェンダーの歴史を知ることが重要であるという認識が共感を呼ぶからであろう。

実際人類社会は現在危機的な状況にあり，私たちが直面しているさまざまな課題に対処できなければ，この地球上で人類が暮らし続けることはできないという認識が広がっている。昨今世界的に取り組みが進められているSGDsは，そのための具体的な目標を定めたものであるが，その5番目に「ジェンダー平等を実現しよう」が入っている。ジェンダーによる差別や格差はいまだに多くの国や地域で深刻な問題であり，それをいかに克服できるかはよりよい未来の創造に関わる重要な課題である。過去を探究する考古学が，現代の社会問題の解決や未来の創造にダイレクトに関わるものとは考えられてないかもしれないが，少なくともジェンダーの問題についてはかなり重要な貢献ができるのではないかと思う。そういう視点からもっと情報発信をしていかなければいけないと思いつつ，なかなか果たせずにいることは忸怩たる思いである。このリレー連載で考古学とジェンダーというテーマで書かせていただく機会を得たので，あらためて考古学でジェンダーを研究することがなぜ重要であるのかについて述べてみたい。

1 ジェンダー考古学は何をめざすのか

英語圏の考古学界でジェンダー考古学が提唱されたのは1980年代のことであり，はや40年がたつ[1]。その後，国際会議の主要テーマとして幾度も取り上げられ，多くの著書や論文集が刊行された。イギリスや北米の大学では，ジェンダー考古学の授業も多く開講された。筆者らは，1999年にその動向を紹介しつつ，文化的・歴史的な状況の違いから，日本考古学における課題には欧米とは異なる側面もあることを指摘した[2]。ジェンダーに注目することの重要性は，欧米ではなにより考古学的に復元される過去の社会像が成人男性中心であり，女性や子ども，老人など，その他の立場の人々の姿や役割が見えなくなっているということの指摘が根幹にあった。それは，考古学界をリードする研究者の多くが男性であることから，どうしても男性目線での研究になりがちであるということに原因があるとされ，考古学者の性比や，教育，仕事の場での男女差別やハラスメントを解消することが，考古学研究の視座を広げるためにも必要であると主張された。

女性考古学者が少なく，どうしても男性中心的な視点が主流となりがちであるという点は日本にも当てはまるだろう。この点は，間壁葭子や藤村淳子，井川史子によってつとに指摘されてもいる[3]。しかしながら日本考古学では，考古学的に復元される先史古代の社会において女性がそれほど「見えない」わけではない。それは，日本列島では縄文時代以来考古資料として土器が充実しており，編年的基盤として，また地域性や分布から地域間関係や社会の様相を考察する手がかりとして重視されてきたという特性と関わっているとみられる[4]。縄文土器，弥生土器の作り手が女性であるとの推定により，博物館などのジオラマや復元画においても土器を作ったり，土器を使って煮炊きをしたりする女性の姿がしばしば描かれている。一方で，土器作りを除くと，いわゆる家事育児に相当するような活動をしているところが取り上げられることが多いため，現代的な「男は仕事，女は家庭」という性役割分業が先史時代から変わらず続いてきたような印象を見る者に与える結果となっている[5]。

ジェンダー考古学というと，女性の活動や性役割分業のあり方を復元したりすることであると考える向きもあると思うが，それはジェンダー考古学のごく一部でしかない。アメリカの考古学者ブルース・トリガーも指摘したように，ジェンダー考古学は他の○○考古学とは異なる性格をもっている。単に，ジェンダーや女性に注目して研究をしましょう，というのではなく，「他のすべての考古学に必要かつ不可欠なものとして確立している」からである[6]。

生物学的な性は，人間に限らずすべての有性生殖をする生物がもっているが，そこにさまざまな象徴的意味や価値，役割を絡めて社会関係や世界観を構築するのは人間だけである。それは文化的な豊かさの源泉でもあり，性にまつわる観念や行動の多様性を無くすことはできない。ジェンダー規範ゆえに行動が制限されたり，生命・健康上のリスクが高まったりすることが社会的課題としてあるが，それは常に象徴的意味や価値の体系と結びついている。その関係性についての多角的な分析が，人間の文化，社会を根本的に理解するうえで必要となる。近年の動向としては，男女二元論や異性愛規範などの西洋近代的なジェンダー観にとらわれない分析や[7]，ジェンダーと戦争や暴力との関係など[8]，単純な性役割分業論を超えたジェンダー研究が進められている。多様化，深化するジェンダー考古学の全貌をここで扱うことはできないので，ここでは過去12,000年間に起きたと考えられるジェンダーに関する大きな変化について，最近わかってきたことについて取り上げたい。

2 本質主義と歴史主義

現生人類が誕生してから30～20万年が経過しているが，その期間の大部分においてヒトは遊動的な生活で自然の資源を利用して生きてきた。それが大きく変化したのは，約12,000年前以降のことである。地域によって時期や内容は異なるものの，定住的な生活，農耕や牧畜が始まり，人口が増え，社会の複雑化・階層化が進行し，文字を利用した行政制度が構築される。戦争，差別，環境破壊といった，現在私たちが直面している多くの問題が発生したのもこの時期である。ジェンダーのあり方も，こうした変化と連動して大きく転換したとみられる。

父系制の家父長制社会が，各地で形成された首長制社会，国家，帝国の基盤として確立する前には，母権制社会が存在したという説がある。ヨーロッパの旧石器時代から新石器時代にかけて出土する女性像なども，男性中心的な社会の前には女性中心的な社会があったとする説の根拠とされてきた[9]。しかし，民族誌のなかに母権制社会を見つけることはできない[10]。母系制社会は消滅しつつあるが，そこでも女性たちの兄弟や叔父が経済や家族に関する決定をすることが多い。実のところ家父長制の裏返しとしての母権制社会は，現代において理念的に想定されたモデルであるため，それに適合する社会が民族誌に見当たらないことをもって，男性中心的な社会が人類史のデフォルトであると結論するのは早計であろう。

ジェンダーに関する考え方には，大きく二つの立場がある。一つは，女性と男性には生物学的な差異があるため，性役割には普遍性があり，その結果として生じる社会的・経済的な立場の違いはどんな時代・社会においても共通していると考えるもの，もう一つは，人類史のある段階には女性の社会的立場が強い社会であったのが，男性優位の社会へと転換したと考えるものである。前者は男女にはそれぞれ普遍的な本質があり，それに応じた行動がなされている／なされるべきと考える本質主義的な立場に近い。後者は日本における女性史においても，世界的に展開されてきたフェミニズムの視点からのジェンダー研究においても，細部の異同はあれ共通した認識となっている。

女性が子どもを産み，乳を与えて育てるという点は変わらないとはいえ，それが社会のなかでどのように意味づけられるか，そのことが他の行動や立場とどう関わるかは，生業のあり方や技術，物質的・精神的にどのような社会が形成されているかによって変化しうる。その変化の要因を解明することは，ジェンダーに関するさまざまな課題の解決法の検討に資するものであり，考古学に大いに期待されるところである。一方，前者のようにあらかじめ普遍性を措定して過去の社会をより詳細に復元しようとする研究は，どこまで遡っても今と同じようなジェンダー関係が存在することを想定しており，それは未来永劫変わらないのではないか，変えようとするのは土台無理なことなのではないか，という認識につながる。

ジェンダーの問題と密接に関連し，またよく

似た論理構造的課題をもつのが戦争に関する研究である。戦争についても，人類の本性に根差していて人類史の初期から（あるいはそれ以前の霊長類の祖先の段階から）戦争があるのだという見方と，本来は極めて稀な出来事であり，農耕社会の形成後の特殊な状況で発生したものとする見方が対立している。前者の考え方が正しいのであれば，戦争の根本的な原因を探すモチベーションは下がる。しかし，戦争が物質的な状況の変化に伴って現れたり消えたりする文化現象であるとすれば，戦争が始まる，あるいは戦わないようになる理由を解明することがより重要になる。ジェンダーについても，戦争についても，本性・本質に根差すとする説と，歴史的に立ち現れてくる現象とする説のどちらが正しいかを検証できるのは，実際のデータに基づいて過去を探究する考古学だけである。

3 民族誌の問題

考古学的資料そのものから過去の性役割分業を復元することは，非常に難しい。そこで推定の根拠として民族誌が用いられることになる。ドメスティックな土器作りを女性が担うことが多いということも，人類学者のマードックが集成した民族誌データにみられる傾向性に基づいている。しかし，民族誌を根拠として先史時代のジェンダーを復元するという方法は，ジェンダー考古学がもつ可能性を狭め，現代的なバイアスをむしろ補強することにつながりかねない。その理由は二つある。一つは，民族誌データが本来もっている多様性が考古学的解釈では捨象されてしまう傾向があることである。たとえば，民族誌データで7割の社会で女性が主に土器作りをしていたことを根拠に縄文土器や弥生土器の作り手は女性であると推定し，それを根拠とした社会関係の推定や復元イメージの制作を進めると，結果としてほぼ100%女性が土器作りをしていた過去像が形成されてしまう。民族誌では3割の社会では男性が土器作りをしていたとしても，考古学ではその多様性が失われてしまうのである。

もう一つはより根本的な問題である。民族誌はあくまでも近現代に調査されたものであり，先史時代の狩猟採集社会とは数千年，数万年の時によって隔てられている。民族誌は19世紀以降に記録されたものであるが，この段階において

は，どの狩猟採集民も，何らかの形でより複雑な国家社会と直接的・間接的に接触し，広域に展開する文化的基盤と結びついていた。その影響を検証することなく，そこに見出される形態や構造を考古学的データに当てはめてしまうと，民族誌から導き出された理論や解釈が考古学的に裏付けられたような気になるという悪循環に陥る危険性がある[11]。

戦争は近現代社会の問題であり，先史時代は平和であったとする従来主流であった見解を批判的に検討したキーリーは，考古資料の分析を進める一方で民族誌から得られる情報を重視し，先史時代から戦争が普遍的であったという見方を提起した[12]。オッターバインも戦争は200万年前の人類の起源から存在していると主張するが[13]，これは考古学的な証拠に基づくものではなく，民族誌から大型動物の狩猟と戦争の間に相関を見出し，大型動物の狩猟が行われていた旧石器時代にも戦争があったはず，という三段論法的な推論によるものである。洞窟壁画に描かれた槍が刺さったような人物像や，わずかな殺傷人骨などの考古学的根拠も挙げているものの，戦争の存在を示す証拠としては極めて乏しいと言わざるをない。過去200万年の間，戦争が人類を特徴づけてきたというオッターバインの主張は，現代の狩猟採集民の民族誌にほぼ依存している。

「民族学的現在」の狩猟採集民は，数千年にわたって国家社会の影響を受けてきたことに加えて，人口密度・規模において先史時代の狩猟採集民と大きな差があることも重要である。約1万年前までは，世界の人口密度は著しく低かった。人口復元は難しく，あくまでも仮定に基づく推計であるが，オーリニャック期（40,000-31,000BC）のヨーロッパの人口は約4,400人で，最終氷期の終わりごろ（紀元前17,000-11,000年）でも約29,000人とする推定によれば，人口密度は1km²あたり0.003人となる[14]。人口が環境収容力を超えなければ，資源をめぐって争う必要は生じない。実際のところ，集団間の争いを示す確実な考古学的証拠が増え始めるのは，氷期が終わり，定住化，農耕・牧畜が始まる新石器時代以降のことである。少なくとも戦争の頻度については，民族誌に基づいて過去を復元するのは適切ではない。戦争や暴力が当たり前の世界と，そうでない世界では，ジェンダーのあり方も大きく異なる可能性がある。

民族誌がさまざまな重要な知見の源泉であることは間違いないが，民族誌と文字記録によって知ることができる範囲に視座を限定してしまうと，人類の歴史，多様性，創造性，そして霊長類としての驚くべき独自性の98%を排除することになる[15]。いわゆる文明形成後の社会とは大きく異なっていた可能性が高い先史狩猟採集社会のジェンダーを明らかにすることは，困難ではあるが重要でエキサイティングなテーマである。

4　旧石器時代のジェンダー

では，旧石器時代におけるジェンダーがどのようなものであったのか，考古学的な資料から何が見えてくるだろうか。この難しいテーマについて，近年の研究方法の発展によって，新しい知見が得られている。ヨーロッパの旧石器時代の洞穴壁画は，狩猟対象動物が多く描かれていることなどから狩猟に関わる儀礼的な意味があり，狩猟を行う男性が主体となって描いたと考えられてきた。しかし，壁画に残された手形から性別を同定しよ

うとする研究が進み，女性が洞窟壁画に大きく関わっていたことがわかってきた。

人差し指と薬指の長さが，胎児期の性ホルモンの影響で決まるという研究が，こうした研究のきっかけとなったが[16]，多くの研究者がさまざまなデータを元に方法論的な検討を重ね，薬指と人差し指の比率だけでは不十分で，すべての指の長さ，手のひらの大きさなどの総合的な分析が有効であることが指摘されている[17]。集団による多様性もあることから，現代人のデータを参照する場合，遺伝的に近い集団を対象とする必要があることも指摘されている。方法論的な課題はまだ残っており，判別の精度については慎重に判断する必要があるが，ほとんどの研究が多くの遺跡で男女両方の手形がみられるとしていることは興味深い。フランス・スペインの旧石器時代の8つの洞窟遺跡の手形を対象としたスノウの研究は，判別が可能であった32点女性が23点，男性が9点と，女性優位の傾向を示して注目された[18]（図1）。その後，手形の3D

図1　フランス，ペッシュ・メルル洞窟に描かれた馬と手形
（チェコ共和国ブルノの人類博物館所蔵のレプリカ）
スノウは，右側の馬の背中にある手形を女性のものと判断している。

計測や現代人の年齢・性別によるバリエーションの詳細な検討を通してスペインのエル・カスティージョ洞穴の手形を再検討した研究では，性別判定が可能であった85点のうち女性は17点，男性が68点となり，男性の方が多いという結果になったが，女性の手が確実に存在していることも確認された[19]。到達するのが困難な洞窟の最奥部に残された手形が女性のものと推定されているのも興味深い。ここから具体的な性役割や社会構造を議論するにはまだ多くのハードルがあるものの，手形からそれを残した人の性を明らかにしようとする研究は，洞窟壁画は狩猟に関わるものであり，狩猟をする男性が残したとする従来の単純な想定を覆すものとして注目される。

　ただし，過去の人々を私たちの基準で男女に二分しようとする傾向には注意する必要もある。そもそも指の長さや手の形の男女差も統計的な傾向としてはかなり頑強であるとはいえ，個人的なバリエーションが大きい。体格においても能力においても，ヒトにおける性差は平均値の差としては存在しても，同性のなかでの変異が大きい。運動能力，統率力，手先の器用さ，創造力など，何らかの指標で人々を区分したとして，それが性差にきれいに対応することはない。個人の特性ではなく男であるか女であるかによって二分し，それによって生き方を規定するのがジェンダーの強力な社会的拘束力の一つである。これがいつから顕著になるのかが，重要な考古学的問いである。

5　文明化によるジェンダーの変化

　日本列島における縄文時代は，土偶が基本的に女性的身体を表現していること，男性器を模した石棒や注口土器を使った儀礼が行われていることなどから，ジェンダーにまつわる観念や儀礼が発達していたと考えられる。一方で，抜歯型式や装身具の装着などで男女に偏りがみられる場合も，完全にどちらかの性に限定されることは稀であり，男女間で権力的な格差は認められない。定住的集落があり，新石器文化的要素もありながら，戦争の証拠がみられないことと，ジェンダー格差がみられないことは，連動している可能性が高い。

　中国における古代国家形成期のジェンダー格差の出現について多角的な検討を行った内田淳子は，都市の形成と文字による情報管理が女性を社会的・経済的活動から遠ざけることになったと分析している[20]。旧石器時代から新石器時代の前半期までは，人々の営みはほぼ生業活動であった。食料を獲得し，必要な道具を作り，住処を整え，子どもを産み，育てることが生きるのに必要なことであり，環境や性による差異があるとしても，基本的には男女で分担して生活していた。現代社会では家事として仕事と区別されている活動が，人類の本来的な活動であった。しかし，社会の階層化と都市化が進むなかで玉器や青銅器の生産が始まると，高度な技術の伝承・発達のため，生業活動の時間を割いて高度な技術を習得する人々が現れてくる。玉器工匠や青銅器工人の墓とみられる遺構から出土するのは男性人骨であることから，男性が自己の生命とは関わりのない活動を行って労働対価を得るようになったと考えられる。

　一方，個人が生きていくための活動は続けなければならない。男性が主に担ってきた狩猟とその道具作り，後には農作業とその道具作りは，他人の労働力やその産物を入手できれば自分で担う必要がなくなるので，余暇，余力が生まれた。しかし，食物の調理，住居の整備，出産と嬰児の養育は，女性の分担として残り続けるため，それ以外の仕事から排除されることになる。さらに，殷周時代には文字による情報管理を男性が独占し，政治や学問の世界から女性が隔離されることになった。これも男女格差の急速な拡大の一つの要因であった。

　分業化，専業化が進むにつれて女性が一定の職業から排除されるようになること，文字が発明され学問が確立すると女性が教育を受ける機会から排除されること，男性による支配を正当化する神話を作り出すことは，多くの地域における文明形成過程で共通して起こっている[21]。しかし，これは当時の物質的，社会的条件のもとで生じた歴史的出来事であり，運命や必然という言葉で表現するのは適切でないように思う。

6　おわりに

　考古学はあくまで科学であり，こうした議論はやや政治的に過ぎるという印象をもつ人もいるかもしれない。しかし，あらゆる学問はその社会の状況のなかで営まれるもので，そこから自由ではありえず，研究成果がもちうる社会的なインパクトについても自覚的であるべきである。だからこ

そ，思い込みや常識をできるだけ排除し，データに即した研究が重要となる。やや雑駁な本稿の要点は，ジェンダーは社会の構造，人間観，世界観と不可分に関わるものであり，民族誌から直接類推することのできない先史時代の状況については常識にとらわれない探究が求められるということである。たとえば，旧石器時代の女性像，新石器時代の土偶を適切に理解するには，もっとラディカルな視点の転換が必要かもしれない。それは容易なことではないが，大きな可能性と意義をもつ研究であると考える。

註

1) Conkey, Margaret W. and Janet D. Spector., Archaeology and the Study of Gender. *Advances in Archaeological Method and Theory*, 7, edited by Michael B. Schiffer. Academic press, New York, 1984, pp.1-38

2) 松本直子・中園　聡・川口香奈絵「フェミニズムとジェンダー考古学―基本的枠組み・現状と課題―」『HOMINIDS』2，1999，pp.3-24

3) 間壁葭子「女性と考古学」『考古学ジャーナル』361，1992，pp.48-56。藤村淳子「日本考古学とジェンダー」『女性史学』6，1996，pp.83-89。Ikawa-Smith, Fumiko., Gender in Japanese prehistory. *In Pursuit of gender: Worldwide archaeological approaches*, edited by S. M. Nelson and M. Rosen-Ayalo. Altamira press, Walnut Creek, 2002, pp.323-354

4) 都出比呂志「原始土器と女性―弥生時代の性別分業と婚後居住規定―」『日本女性史1巻　原始・古代』東京大学出版会，1992。都出比呂志「弥生土器における地域色の性格」『信濃』35―4，1984

5) 松本直子「日本の博物館におけるジェンダー表現の課題と展望」『国立歴史民俗博物館研究報告』219，2020，pp.487-494

6) Trigger, Bruce G., *A history of archaeological thought*（Second Edition）. New York: Cambridge University Press, 2007

7) Walley, M., *Incorporating nonbinary gender into Inuit archaeology: Oral testimony and material inroads.* Routledge, 2020。光本　順「「双性の巫人」という過去の身体を読む」『クィアスタディーズをひらく3』2023，pp.1-21 など

8) Matic, U. and Jensen B., *Archaeology of gender and violence.* Oxbow Books, 2017 など

9) ギンブタス，マリヤ（鶴岡真弓 訳）『古ヨーロッパの神々』言叢社，1998

10) 北米先住民のイロクォイ族は，もっとも母権制に近い社会とされているが，集団のリーダーは男性が務める。

11) Wobst, M., The archaeo-ethnology of hunter-gatherers or the tyranny of the ethnographic record in archaeology. *American Antiquity,* 43（4），1978, pp.303-309

12) Keeley, L., *War before civilization: The myth of the peaceful savage.* Oxford University Press, 1996

13) Otterbein, K.F., *How war began.* Texas A&M University Press, 2004

14) Bocquet-Appel, J., Demars, P., Noiret, L., & Dobrowsky, D., Estimates of Upper Palaeolithic meta-population size in Europe from archaeological data. *Journal of Archaeological Science,* 32（11），2005, pp.1656-1668

15) Haas, J. and Oiscitelli, M., The prehistory of warfare: Misled by ethnography. *War, peave, and human nature,* edited by Douglas P. Fry. Oxford University Press, 2013, pp.168-190

16) Zheng, Z. and Cohn, M.J., Developmental basis of sexually dimorphic digit ratios. *Proceedings of the National Academy of Sciences,* Sep 27;108（39），2011, pp.16289-94

17) Nelson, E., Hall, J., Randolph-Quinney, P., & Sinclair, A., Beyond size: The potential of a geometric morphometric analysis of shape and form for the assessment of sex in hand stencils in rock art. *Journal of Archaeological Science,* 78, 2017, pp.202-213

18) Snow, D.R., Sexual dimorphism in European Upper Paleolithic cave art. *Antiquity,* 78（4），2013, pp.746-761

19) Ripoll, S., Bayarri, V., Muñoz, F., Ortega, R., Castillo, E., Latova, J., Herrera, J., Moreno-Salinas, D., Martín, I., Hands Stencils in El Castillo Cave（Puente Viesgo, Cantabria, Spain）. *An Interdisciplinary Study. Proceedings of the Prehistoric Society,* 87, 2021, pp.51-71

20) Uchida, J., Gender Structure in Pre-Qin China with Focus on Anyang Yinxu. *Japanese Journal of Archaeology,* 10（1），2022, pp.3-34

21) ラーナー，ゲルダ『男性支配の起源と歴史』三一書房，1996

来し方 八十路の考古回想

立正大学特別栄誉教授
坂 詰 秀 一
（さかづめ・ひでいち）

1936年（昭和11）1月，東京の葛飾で生まれ，同年以降，谷中（下谷区〈現・台東区〉）の仏刹（寛永〜寛文に創建された日蓮宗・松栄山福相寺）で育った私は，立正中学・高校を経て立正大学（文学部史学科）・大学院（文学研究科國史学専攻）を卒業，その後，縁あって立正大学で定年まで教職を勤めた。立正生活（1948〜2006）は58年に及んだ。

仏刹を継承することなく，中・高の頃から憧憬した考古の道程を只管に歩んで八十路の馬齢にいたった。考古学を組織的・系統的に学ぶことなく，ただ，向学を志したが，その間，僥倖にも多くの碩学に邂逅し，教導・訓育を賜ることが出来た。しかし，愚鈍菲才のため遂に考古学を究めること当わず，考古の道を囓ったに過ぎなかった。したがって「私の考古学史」ではなく「私の考古」の歩みについての禿筆であり寛容を願いたい。

学ぶ・勤める

中学・高校で歴史と地理を島袋源七先生に学んだ。先生は沖縄・山原の人，『山原の土俗』（爐邊叢書，1929）により知られる民俗学者であった（立正大学専門部地歴科卒）。1921年に折口信夫，1932年に濱田耕作の沖縄研究旅行を東導したやんばらみで，折口の「琉球神道論」濱田の「沖縄の旅」（『ドルメン』2—9，1932）の立役者であった。授業は，何時も教科書を離れ，神話伝説・民俗・遺跡遺物が中心で，一方，地歴部の顧問でもあった。その頃，新聞には登呂の発掘，岩宿の発見などが報道され，書店には考古学の解説書が積まれていたこともあり，勢い考古の分野に興味が湧いた。休日には足繁く神田界隈の古書店を巡り考古の本を扱っている書店主と昵懇になった。そこで入手した遺跡の地名表（吉田格『東京近郊石器時代遺蹟案内』と赤星直忠『先史時代の三浦半島』1950など）を頼りに徘徊し，遺物を採集した。その頃，集中して歩いた鶴見川の中流（神奈川）は遺物の宝庫であった。中学校の建設に伴い発見された古墳時代の集落跡を眼にして発掘し土師器を出土する竪穴住居跡を完掘した。通学校の近く居木橋貝塚を発掘し，縄文時代前期（諸磯B式）の竪穴住居跡を発掘したこともあった。

大学は，両親の希望で立正大学（仏教学部ではなく文学部史学科）に進学した。考古学の専攻課程はなく，国史学を中心に東洋史・仏教史を学んだ。考古学の授業は，文学部（考古学）と仏教学部（仏教文化史）に各1科目が開設されていたが，学生中心の立正大学考古学会（1932年発足，機関誌『銅鐸』同1932年創刊）の集いに出席したほか，高校生の頃から教えを受けていた江坂輝彌先生の研究室（慶應義塾大学）に出向き，日本考古学会（東京国立博物館）・東京考古学会（明治大学）・國學院大学考古学会の例会などに出席して学ぶことが多かった。江坂先生の紹介で東京大学人類学教室で山内清男先生に拝眉し，教室の図書室で勉強する果報にも恵まれた。

葬制に関心をもち，清野謙次博士の調査研究（『日本民族生成論』1946ほか）を参考に縄文時代の葬法についての学部卒業論文を書くことが出来たのは，東大人類の図書室での文献調査の御蔭であった。

大学院への進学は，東洋史の有髙巌先生の指示で「立正大学の大学院で石田茂作博士から仏教考古学の研究指導を受ける」ことになった。蓋し，立正大学で考古学を学ぶには，仏教分野が至当とのご判断であった。修士課程の2年間，史学科の副手を務めたが，国史演習の教材づくりなどに追われた。課程の修了を間近かに有髙先生から「無給の副手から有給の助手に任ずる」とのお達しで，大学院の石田先生の講義に引続き出席が許された。助手の任務は，教務の補助，学生の相談役であったが，どうにか遂行することが出来た。任期の終了近く（助手任期は1期2年，2期目に入っていた3年目），「明年から史学科の専任講師として採用するからその心算で」とのお話しがあったが，即答することを避けて，石田先生に事の次第をご報告に参上した。「研究を続けるには大学より博物館がよい。昔の大学ならともかく，現在の私立大学—

石田茂作先生 (信濃国分寺跡, 1962年2月)

とくに立正大学は研究に適さない。大学の教員に
なるなら学生の教育が主で，研究は従と考えるよ
うに」とのご教示であった。その後，暫し思案の
末，菲才の私にとって研究三昧より，大学で後輩
と共に細々と考古学を勉強していくことが至当と
判断した。有高先生は，日本史の伊木寿一先生
（古文書学）と相談の上，教養部の「歴史」の担当
を命じられた。決断に際し，学部生の頃から万般
にわたってご教導を賜ってきた東洋史の鎌田重雄
先生（秦漢政治史）と日本史の平田俊春先生（日本
古典研究）のご高見を忘れることが出来ない。

鎌田先生の「大学教師7則」（1.自分の書いた論
文を集めて単行書として刊行すること，2.専門分野の
編著を編むこと，3.学生を決して差別しないこと，
4.学内行政を厭わないこと，5.専任校以外の大学で専
門分野の講義を担当する機会を進んでつくること，
6.出版社の仕事（講座・雑誌などの編集）に積極的に
参画すること，7.多くの大学の人達と親しく交流し，
研究室の相互訪問を行うこと），平田先生の「年表作
成の要諦」「雑誌編集の極意」についての実践ご指
導は，とくに肝に銘じたのである。

専任講師に就任して3年目，史学科に考古学専
攻が設置され，「考古学演習」と「考古学実習」
を担当することになった。演習はともかく実習に
は苦慮した。実習に伴う予算はゼロ，如何にした
らよいかと案じたが，文部省の科学研究費の交付

を受けて進めてきた古代窯跡の発掘調査をテーマ
とし，また，学生諸君の希望に応じて縄文時代の
貝塚，弥生時代の集落跡，古墳時代の古墳群・横
穴墓群などの発掘を小規模であったが実施した。
それは助教授に就任しても同様で必要経費の捻出
には四苦八苦の連続で，大学院の史学専攻—歴史
考古学分野—設置まで続いた。演習（『常陸風土
記』）と連動して実施した浮島—前浦（茨城・縄文
時代晩期，古墳時代集落遺跡）の実習発掘は，目的
の製塩の遺跡は発掘されなかったが，祭祀遺跡を
検出することが出来た会心の例であった。

発掘する

大学の「考古学実習」などで，主として発掘し
たのは，旧石器時代（北海道・報徳，神奈川・箱根），
縄文時代（埼玉・石神貝塚，神奈川・新作貝塚，神奈
川・狩野配石遺跡，埼玉・五明敷石集落遺跡，千葉・
藤崎堀込貝塚），弥生時代（千葉・寒風集落遺跡，東
京・前野町集落遺跡），古墳時代（千葉・塚原古墳群，
埼玉・野原古墳群，東京・梵天山横穴墓群，神奈川・
白井坂埴輪窯跡，茨城・前浦祭祀遺跡，千葉・天南廟
山祭祀遺跡），古代（埼玉・南比企窯跡群—亀ノ原・
新沼・虫草山・山田，東金子窯跡群—新久・八坂前・
谷津池，東京・南多摩窯跡群—天沼，山形—荒沢・
町沢田窯跡，長野—御牧ノ上・八重原窯跡，群馬—
金山・上小友窯跡，栃木—乙女不動原窯跡，広島—
青水窯跡，福岡—牛頚窯跡群，青森—五所ケ原窯跡
群，千葉—横宿廃堂跡），中・近世（神奈川・箱根三
所権現社跡・駒ケ岳頂上祭祀遺跡，東京・仙台坂遺跡）
の遺跡と海外の遺跡（ネパール・ティラウラコット
城塞跡）であった。他に久保常晴先生の担当によ
る東京・多摩地域の山崎・本町田遺跡などの大規
模な縄文～弥生時代の集落遺跡の発掘もあり，そ
れらにも参加した。

これらの発掘のなかでも私なりに研究の対象と
してきたのは古代の窯跡であった。その調査研究
の端緒は，武蔵国分寺の瓦窯跡の造瓦に伴う須恵
器の年代把握が目的だった。1950年代の中頃，東
日本において須恵器利用の火葬骨蔵器の年代は「奈
良～平安時代」とされていた。古代葬制を研究テー
マの一として火葬骨蔵器の集成を意図していたが，
東国の須恵器編年が試みられていないため「奈良」
か「平安」か分明ではなかった。そこで，年代を
定める資料として国分寺の造瓦窯跡と周囲に存在
する須恵器の窯跡の調査を試みることにした。

武蔵国分寺の瓦窯跡は，埼玉の比企丘陵と東京の多摩地域に存在することが知られていた。先学の知見をもとに踏査し，比企丘陵の南に集中する亀井村の窯跡群に着目すると同時に窯跡の分布調査を実施した。その結果，比企丘陵の南部に存在することが明らかにされた。「南比企窯跡群」（1957〜61 年の分布調査の結果『南比企窯業遺跡群』1961 として発表）以来，同名称が使用されるようになった。調査に際し窯跡・集落跡・工房跡に加えて墳墓の分布状態に着目し，西方地域（亀ノ原窯跡，1958）中央地域（新沼瓦窯跡，1958）東方地域（虫草山窯跡，1960，赤沼山田窯跡，1961，奥田宮ノ前窯跡，1961）の窯跡の発掘を実施した。発掘は，2〜数基を対象とし，武蔵国分寺の瓦窯（新沼）と奈良〜平安時代の須恵器窯を検出した。国分寺の創建期の瓦塼と須恵器の知見が得られたのである。次に文献史料との対比が可能と考えられた東金子窯跡群（埼玉）の調査を計画した。『続日本後紀』承和十二（845）年三月の「武蔵國言，國分寺七層塔一基，以去兼知　二年為神火所焼，干今未構立也，前男衾郡大領外従八位上壬生吉志福正田云，奉為聖朝欲造彼塔，望請言上，殊蒙処分者，依請許之」の記載，国分寺塔跡の発掘結果（創建時の瓦と再建時の瓦が層位別に検出。滝口宏『武蔵国分寺図譜』1966）などを勘案したからである。

東金子窯跡群（新久・八坂前・谷津池など）の中で，国分寺の再建瓦窯と考えられてきた窯跡を発掘し（1963〜80），その実態を明らかにすることが出来た（坂詰編『武蔵新久窯跡』1973，『武蔵八坂前窯跡』1980 ほか）。関連して南多摩窯跡群中の天沼窯跡を発掘（1979）し，同窯跡群形成の初期窯を知ることが可能となった（『武蔵・天沼窯跡』1981）。これら一連の調査により古代武蔵国には四大窯跡群とでも称呼すべき窯跡—南比企・東金子・南多摩と末野（埼玉）—の存在を把握するにいたった（『国分寺市史』上巻，1986 はその要訣）。窯跡調査の目論見であった東国須恵器の編年について朧気ながら分かってきた。

文化財保護委員会が実施した秋田城跡の「国営発掘」に調査員として 1961〜62 年（第 3・4 次）に参加する機会に恵まれて以来，日本海側の古代城柵跡について関心を懐いた。太平洋側の多賀城跡（宮城）胆沢城跡（岩手）などの調査と対比して拂田柵跡（秋田）城輪柵跡（山形）の調査はかつて文部省により調査報告（1928）されていたが，二柵跡の比定城柵名が明確ではなかった。この二柵跡の踏査を試みたところ須恵器片が多く見出され，とくに城輪柵の須恵器は平野山麓の山谷窯跡から斎された製品と考えられ，窯跡が集中して存在していることを確認した。後に，城輪柵跡は発掘調査の結果，出羽国庁跡に比定された。他方，1929 年に発見された木柵をめぐらし門柱を有する大山柵跡（山形・鶴岡）は，阿部正己によって注目されたが（1932），その後，再調査されることがなかった。また，1959 年に報告された荒沢窯跡（山形・鶴岡）は，大山柵跡出土の須恵器と同類であった。大山柵跡と荒沢窯跡との関係を把握すると共に日本海側における須恵器と窯跡の構造確認を主目的として 1962〜63 年にかけて荒沢窯跡 3 基，田川町沢田窯跡 2 基，金山で住居跡 1 基を発掘した。次年度（1964）には，荒沢窯跡の第 3 次発掘と大山柵跡の一部発掘を計画したが，新潟地震（1964 年6 月 16 日，M7.5）のため中止となり，以降，継続調査の機会を得ることが出来なかったのは残念であった。

1963〜71 年にかけて信濃国分寺跡（長野・上田）の発掘が実施され調査員として参加した。僧・尼寺跡が発掘調査の結果明らかにされ，僧寺跡の北方丘陵の麓から平窯構造の瓦窯跡（再建，修理の造瓦窯跡）が発掘された。国分寺と千曲川を隔てた御牧ケ原の台地上の「スガマの原」（吉澤好謙『信濃地名考』1764〜69 に「須賀間の原」）に八重原窯跡群の存在が報告（神津猛 1929・34）され，須恵器窯跡群のなかに瓦の出土にも触れられていた。御牧ヶ原の地（望月町北御牧）は，平安時代に勅旨牧—望月牧がおかれた地にあたり，成立の上限は 9 世紀以前，後に左馬寮の荘園となった地域である。国分寺の創建期の瓦窯跡の存在探索と平安時代における須恵器の編年資料を得ること，加えて望月牧における須恵器窯のあり方を考えることを目的として，1962・63 年にかけて北御牧の下之城と中八重原で発掘を実施した。その結果，北御牧で 2 基，中八重原で 2 基の窯跡を調査することが出来た。八重原の 1 基は瓦窯跡，ほかの 3 基は須恵器窯跡であった。北御牧窯跡は 2 基ともに火山灰層を掘り下げて築窯されていた。御牧ヶ原台地の火山灰は，浅間山の噴火によって堆積された可能性があり，『日本書紀』天武天皇 14 年（685）における噴火に際して堆積されたと考えられていた（山口鎌次博士教示）。中八重原の窯跡の場合も同様

であった。御牧ケ原における須恵器窯跡の発掘は，千曲川流域における平安時代の須恵器編年資料として活用されることになった（『長野県史。』考古資料編，1982）。

以上のほか，1964年に上野国分寺造瓦の金山瓦窯跡2基（群馬・藤岡『上野・金山瓦窯跡』1966），上野・須恵器の編年資料として上小友窯跡1基（群馬・桐生，「上野・上小友窯跡」1868），下野薬師寺瓦窯跡の確認発掘（栃木・小山），1965年に備後の古墳時代須恵器窯跡1基（広島・世羅），1968～73年にかけて北限の須恵器窯跡〈前田野目・持子沢〉4基（青森・五所河原，『津軽・前田野目窯跡』1968），1972・76年に北九州における須恵器編年の研究上に重要な位置を占める牛頸窯跡群の平田窯跡4基（福岡・大野城，『筑前・平田窯跡』1974ほか），小田浦窯跡4基（『牛頸小田浦窯跡群』1993）の発掘調査を実施し，それぞれ相応の結果を得ることが出来た。

海外の発掘として，ネパールで釈迦（Gautama Buddha, B.C463～383, 中村元説）の故郷Kapilavastuの発掘調査（1967～77）を実施した。それは1966年12月～67年1月にかけて中村瑞隆教授に随伴してネパールにおける釈迦関係の遺跡（生誕の地Lumbiniと出家故城推定地Tilaura-kotなど）を踏査したのが発端であった。目的は，タライ（Tarai）のKapilavastu（釈迦族の故地）における城跡の現状調査であった。釈迦出家の故城「カピラ城跡」の比定遺跡については，19世紀末から20世紀初頭にかけて調査が実施され検討されたが，ネパールのTilaura-kotか，インドのPiprāhwāか，諸説が提出され確定していなかった。

釈尊の四大仏跡（生誕の地Lumbini，開悟の地Bodhgayā, 初転法輪の地Sarnath, 入滅の地Kushinagara）

齋藤忠先生と（先生宅応接間，2011年1月3日）
没年（2013，104歳）まで47年にわたって教導頂く。

は定まっていたが，出家の故城（カピラ城跡）については諸説があり，仏教界の懸案事項の一つであった。

仏教考古学の分野に関心をもっていた私にとって釈迦の故郷の遺跡の現状は頗る興味があった。それにしてもカピラ城跡の有力比定地であったTilaura-kotの調査など夢想だにしていなかったが，踏査の結果，ネパール考古局の英断で発掘が実現したのはまさに喫驚であった。経緯，事情はともかくKapilavastuの考古学的調査に参画する僥倖を得ることになった。そして，1901年にP. C. Mukhrjiが「カピラ城跡」に比定したネパール・タライのTilaura-kotの発掘調査が実現した。遺跡全域の実測図の作成から着手し，東西約450m南北約500mの壁（土塁・煉瓦）に囲まれ，内部に8遺丘と2貯水池が存在していることが改めて判明した。そして北壁には1962年にインド考古局のD.Mitraが発掘した南北トレンチ（32m×3m）の痕が見出された。最下層（8A・8B）より北方黒色磨研土器が赤・灰色土器と伴出し「B.C.3～2世紀を上限とする時代」が報告されていた。

釈迦時代の遺構は，内部の8遺丘の発掘により確認されるかどうか期待された。どの遺丘を発掘するか，その判断を求められた私は，中央部の貯水池痕に接した面積の大きな低い遺丘（第7号丘）を選定した。低い遺丘を選んだのは建物の経年重複の頻度の度合いを考慮したからである。

しかし，本音は限られた日程内での発掘で相応の結果を得たいと考えたからである。対象とした第7号遺丘の発掘は，以降も継続し，Maurya（P・G・W，N・B・P出土）以降，Kushānaの各時代にわたる土器が検出されたことにより，重複して発掘された建物跡の築造年代についても，おおよその年代観が把握された。さらに並行して行われた第2号遺丘の発掘においても，各時代にわたる建物跡が検出された。「カピラ城跡」比定地Tilaura-kotの発掘は，B.C.8～7世紀よりA.D.1～2世紀にわたる土器の出土により，年代的に釈迦とそれ以降の時代の城塞跡と考えることが可能となった。報告書は『TILAURA KOT』I・II（1978・2000）として刊行したが，私として悔いを残したのは諸般の事情により出土土器群をHastinapura遺跡（北インド）出土の土器（とくにIII期及びIV期）と対比検討することが適わなかったことであった（『釈迦の故郷を掘る』2015）。

釈迦生誕地 Lumbini の調査と発掘報告書の刊行に参画する機会もあった。Lumbini は 1896 年に A・Fuhrer によって Aśoka 王石柱（B.C.3 世紀）が発見され，碑文により生誕地として確定されていた。その遺跡上に建立されていたマヤ堂の解体に伴う調査（1992～95，全日本仏教会）によって「標石」（marker Stone）が発見され，1997 年に世界文化遺産に登録された。『Lumbini *The Archaeological Survey Report 1992～1995*』（2005）は，その報告書である。釈迦（出家以前）の遺跡〈生誕地と生育出家城〉の発掘調査に参画し，報告書の編集と執筆を分担した。1960 年の後半から 1970 年代前半，そして 1990 年代の前半にかけての海外の発掘調査は背伸びの体験であった。

　1990 年代末から 2000 年の前半にかけて，近世大名墓所の修築・移築に伴う発掘調査に参画した。池上本門寺（東京）の米沢藩上杉家，熊本藩細川家，鳥取藩池田家の墓所移築調査は，上部施設と下部構造の発掘を計画的に実施し，結果は詳細な 2 冊の報告書を刊行した。以降の，関連調査に際しての示例とした。上部施設（墓標・基壇ほか）と下部構造（石室構造などの被葬者埋葬施設）の実態把握は考古学的調査にとって不可欠であることを具体的に提示した。2007 年に着手した徳川将軍家裏方墓所（東京・寛永寺），島原藩深溝松平忠雄墓所（愛知・本光寺），2009 年の彦根藩井伊直弼墓所（東京・豪徳寺），そして 2018～20 年に実施された赤穂藩浅野長矩・夫人墓所（東京・泉岳寺）の修築解体調査も考古学的方法によって実施された。とくに徳川将軍家裏方墓所の全域解体・移築の調査は，近世大名墓所の構築の実体が明瞭に把握された例としてきわめて重要であり，得難い体験であった。

考える

　大学の教員に就任するにあたり，石田茂作先生から「学生の教育が主で研究は従」と論されたこと，鎌田重雄先生の「大学教師 7 則」（前記）は，私なりに永く尊處してきた心算である。

　ただ，考古学における時代区分論の検討は，「歴史考古学」をめぐっての私なりの理解となり（『歴史考古学の視角と実践』1990 ほか），個々の小論となった（『歴史考古学研究』Ⅰ・Ⅱ，1969・82 ほか）。また，「仏教考古学」は「仏教文化史」研究の方法でありその一道程との議論については私見を披瀝し

角田文衞先生と（（財）古代学協会理事会，1992 年 9 月）
1987～2008 年にわたり（財）古代学協会の評議員・理事・専務理事として親炙，教導を頂く。

たこともあった（『仏教考古学の構想』2000，ほか）。

　他方，諸分野の考古学を考えるにあたり，機会を得て先学との座談・対談を通して親しく謦咳に接し，教示啓発を頂いてきた。麻生優・網干善教・石野博信・稲村坦元・岩崎卓也・江坂輝彌・大場磐雄・大塚初重・岡本勇・乙益重隆・木下良・倉田芳郎・小出義治・小林達雄・齋藤忠・櫻井清彦・鈴木公雄・滝口宏・千々和実・角田文衞・中川成夫・森郁夫・森浩一・八幡一郎・横山浩一・和島誠一など多数の先生方であった（『日本考古学の潮流』1990，『先学に学ぶ日本考古学』2008 ほか）。そして「中世考古学」「戦国考古学」「近世考古学」「近・現代考古学」「宗教考古学」についての認識を深め，「古典考古学」「水文考古学」，さらに「観光考古学」について私なりに考え，意見を開陳したこともあった。

　1960 年代に古代窯跡群の調査視点として窯構造各部の名称統一・窯関係集落・工房のあり方・墳墓の地域的分布の把握を提言し，ついで窯構造の分類の必要性と分類私案に関する予察的見解を示したが，それを全国的な視野で総括する機会を失した。1970～80 年代に入り中世備蓄銭に着目し，研究の必要性を提案した（編『出土渡来銭』1986）。従来とかく等閑視されてきた渡来銭の重要性と備蓄銭と称されてきた一括出土銭に対する検討の必要についての私見を披瀝したことがあったが，多角的に究明することなく問題提起に終わった。仏教考古学の分野では，各地の古代寺院跡の発掘研究の傾向が，塔・金堂・講堂など伽藍の中心部に視点がおかれていた状況より，仏法・僧地の周辺部―俗地（仮称）の保存の必要性についての私見を提起したのは，1970 年代の終わり頃であった。

また，日本における埋経の起源，源流の地として中国説のほか朝鮮半島に注目すべきことを半島出土の資料から考え，経塚の源流を半島をも視野に加えることを提唱した。さらに，従来不分明であった仏足跡信仰の流伝について仏教伝播諸地域のあり方を仏足石を調査して把握した。また，同じ頃，近世の墓標の調査に際し，塔形（五輪塔・宝篋印塔など）と非塔形に大別し，非塔形の形態分類についての試案を示すと共に墓標の一観面と多観面に留意し，墓標の時代的推移とその意味について考える必要性を指摘してきた。

「研究には先学の業績の理解」が不可欠，と教導されてきたこともあり，必然的に「学史」の重要性を教壇上から説き，自らも研究テーマの一つとして実践してきた（『太平洋戦争と考古学』1997，『考古耽読抄』2017 ほか）。

編 む

雑誌の編集に関係したのは『歴史考古』（1957～71）『歴史教育』（月刊，1953～70，日本書院）に始まり，『月刊考古学ジャーナル』（1966 年創刊，ニューサイエンス社），『季刊考古学』（1982 年創刊，雄山閣）に及んだ。とくに後2誌は創刊にあたり関与したので愛着があり，創刊以来，57 年及び 41 年にわたっての継続刊行は，日本の考古学界の発展にとって微々たる存在であったにしても，読者・出版社の好意と尽力の賜物と密かに感謝の念をもって対応してきた。

レファレンス類の編集に参画する機会にも恵まれた。『日本考古学選集』（25 巻，1971～86，築地書館）の発案は芹澤長介先生で，江坂輝彌先生と私が加わり，後に齋藤忠先生の参画を得ての編集であった。収録先学者の選定の決定，各巻ごとの編集と解説担当について論議が重ねられた時々を回想しつつ，学史研究の難事を知ることになった。『新版仏教考古学講座』（7 巻，1975～97，雄山閣）は，石田茂作先生の監修でスムーズに運んだ。その間，旧版（『佛教考古學講座』15 巻，1936・37，雄山閣）を4巻（墳墓・経塚，塔婆，仏法具（上・下））に新編集して刊行し（1970・71），巻ごとにシンポジウムの「月報」を挿入した。櫻井清彦先生と共編した『論争学説　日本考古学』（7 巻，1986～89，雄山閣）は，ユニークな企画として評判を博したが，執筆諸氏の尽力の賜物で完成することが出来た。また，森郁夫さんと共編『日本歴史考古学を

学ぶ』（3 巻，1983～86，有斐閣）は，最新の研究成果が収録された。また『歴史考古学の問題点』（1990，近藤出版社）はハンディな解説書として迎えられた。

辞（事）典の編集も経験した。江坂・芹澤先生との共編『日本考古学小辞典』（1983，改訂増補『新日本考古学辞典』2020，ニューサイエンス社）は版を重ねて刊行された。「新版仏教考古学講座」の完結に際して企画された『仏教考古学事典』（2003，雄山閣）の刊行には 20 数年の歳月を要した。

『日本歴史地図』原始・古代編，上・下・別巻（1982・83，柏書房）は，日本考古地図を目指した企画であった。編集に参画したので，既刊の「日本歴史地図」類を悉皆検討し，その結果，日本最初の歴史地図『沿革考證日本讀史地圖』（河田羆・吉田東伍・高橋健自編，1897）の企画は高橋健自であることを知った（『考古鶏肋抄』2011）。原始・古代編は，上巻（先土器（旧石器）時代～古墳／古代）下巻（古墳／古代）別巻（考古遺跡遺物地名表）より構成され，B5 判―地図 950 余頁，地名表 750 頁の大冊となり価格も高く設定されたため個人向きではなかったのは残念であった。

文献目録として『日本考古学文献解題』Ⅰ・Ⅱ（1983・85，ニューサイエンス社，合冊増補『日本考古学文献ガイド』2010）を作成した。1889～1944 年間に刊行された 97 冊について解題した。なお，1945～65 年間の 480 余冊の解題も試みた（『転換期の日本考古学』2021，雄山閣）。このほか，研究者の参考になるであろう『板碑の総合研究』（2 巻，1983，柏書房），『礫石経の世界』（1984，立正大学），『出土仏具の世界』（1999，立正大学）を編んだ。

雑誌の編集参画をはじめ，レファレンス類の編集に多くの時間が費やされ，関連文献の博捜にはじまり，編集会議の資料作成，会議後の総括などに追われたが，それらの経験は，大学における任務の遂行にあたって有用であった。

以上，執るに足らない来し方　80 余年を回想してきたが，改めて，諸師の高恩と有縁交誼の皆様に感謝しているのが頽齢の心境である。

＊

私の考古史は，古稀時に『私の考古遍歴』『立正大生活半世紀』『東京の考古学』（2007），喜寿に際して『考古遍歴鳴謝録』（2013），傘寿に『鳴謝の考古人生―立正・釈尊・佛教考古―』（2016）を単書として纏めた。

小田富士雄 著

古代九州と東アジア・拾遺篇

B5判　376頁
2,800円
2022年8月
九州古文化研究会

　本書は，小田富士雄先生の第11冊目の著作集である。古代九州の弥生時代から古代・中世までの遺跡・遺構・遺物について，東アジア的視座から書かれた論考と随想などが32章で構成されている。小稿ではこれらすべての解説・書評をすることは紙数の関係で無理であり，古代までの研究論考のみを取り上げた。

　「第1章　弥生・古墳時代の宇佐」は，1980年代後半の大分県宇佐地域の弥生・古墳時代の近畿や朝鮮半島との関わりについて述べている。

　「第3章　弥生から古墳へ」は，弥生古鏡出土墳墓を墳丘規模，内部主体，副葬品などから3グループに分け，出土鏡について説明している。

　「第4章　弥生から古墳文化へ」は，日向の弥生時代から古墳時代への変遷を西日本の墓や土器によりながら検討している。

　「第5章　邪馬台国時代の九州」では，考古学的な事実に基づいた邪馬台国論の必要性を説く。

　「第6章　九州邪馬台国説をめぐって」では，邪馬台国の所在地推定については，『魏志倭人伝』の原典を読み，研究史をチェックし，考古資料の研究現状を確認しなければ難しいと述べている。

　「第7章　北九州からみた出雲」は，弥生時代から古墳時代の北九州と出雲の関わりを弥生土器，青銅器，石棺式石室などから述べている。

　「第8章　発掘が語る九州の古墳時代」は，文化史的視点から九州各地の多様な様相を述べる。

　「第9章　福岡県考古遺跡の分布と特徴」では，福岡県の古墳時代～古代の古墳・官衙・山城・寺院・生産遺跡・信仰遺跡を簡潔にまとめている。

　「第10章　5～6世紀の日韓と国際社会」では，日本列島の朝鮮半島系資料，朝鮮半島南部の倭系資料を呈示して相互交流の様相を説明している。

　「11章　行橋市石並前方後円墳」は，海岸部に位置する推定墳長68mの帆立貝式前方後円墳の測量報告，大和政権との関わりを考察している。

　「第12章　終末期古墳とその前後」では，西日本の横穴式石室，装飾古墳，終末期古墳，火葬墓について説明している。

　「第13章　古墳時代九州陶質土器・須恵器」は，九州の5世紀の陶質土器，5～7世紀の須恵器について窯跡出土品を中心に説明している。

　「第14章　須恵器の源流」では，九州の須恵器研究の歴史，大陸との関係，加耶系朝倉窯跡群資料，初期須恵器資料を提示・検討している。

　「第15章　九州地域の須恵器と陶質土器」では，九州の4世紀以降の陶質土器，統一新羅土器，初期須恵器などの研究状況を提示している。

　「第16章　須恵器のひろがりと編年」では，須恵器の編年研究の場が古墳から生産遺跡へ展開し，「陶邑編年」が基準となることを述べている。

　「第17章　九州における装飾古墳研究の動向」は，当時の九州装飾古墳研究の様相を示している。

　「第18章　中間市瀬戸14号装飾横穴」は，石組み羨道横穴墓で，彫刻と彩色による，騎射武人，鳥獣，舟，日輪，月輪などについて説明する。

　「第19章　飯塚市山王山古墳の円文系装飾」では，6世紀末～7世紀の円文・同心円文の系譜・表現方法・意味などについて検討している。

　「第20章　別府市鬼ノ岩屋古墳群の検討」では，石積技法から九州型を確認し，装飾壁画が，筑後・肥後から筑後川をさかのぼり日田に入り，豊後地域で展開したことを確認している。

　「第21章　九州装飾横穴とその系譜」では，宮崎県土器田装飾横穴は，福岡・熊本の横穴式石室の壁画系装飾を横穴に取り入れたと指摘している。

　「第22章　神籠石と朝鮮式山城」では，「神籠石論争」，年代，そして鞠智城について述べている。

　「第23章　西海道の古瓦」では，「揺籃期」「畿内系」「朝鮮系」「大宰府系」などと区分し概要を記し，各地の特徴，地域間交流などを述べている。

　「第24章　北部九州の朝鮮系古瓦塼」では，新羅系，百済系などに分類し，瓦研究の歴史を踏まえて説明している。

　小田先生のご論考は基本的に研究史で研究現状を整理し，図を示しながら論を進め，分かりやすい。本書には1966～2022年刊行のご論考が収められており，諸先生・先輩方の論文に接する機会が減ってきている評者たちにはとても有り難い。

　先生は序の後半で「本書の刊行をもって既刊著作集とあわせて名実ともに終了を果しえたことは，著者の本懐であり，また，後顧の憂いもなき慶事となったことを喜びたい。」と書かれている。しかし，書評準備中の2月に，1月刊行の『古文化談叢』88掲載の「壱岐古墳群」の外来系文物とその背景」の抜刷が届いた。先生は今もお元気であり，論文も続々と書かれている。いずれ，第12冊目が刊行されるのではないかと思っている。　　（亀田修一）

溝口孝司 著

社会考古学講義
コミュニケーションを分析最小単位とする考古学の再編

A5判　393頁
10,450円
2022年12月
同成社

　本書は「諸システムが実在しているということから出発している」[1]。そして，社会の全体性と遺構・遺物の物質性を，任意で切り取り抽象化することでとらえ直し，先史から現在，未来の社会の存立状況まで考察する。考察は，三つの視点を行き来しながら展開する。

　一つ目は理論枠組み，というよりも世界認識の設定に近い。「あらゆる可能的な要素が同時にすべて実現可能であり，可能な関係が同時に実現可能であるとしたら，そこには混沌しかありえない。しかし我々は，かかる混沌にいるのではない」[2]。要素であり得るもの・ことの多様度，そして要素間で可能な関係の割合が限定されているからである。ある限定された要素が，一定の関係からまとまりを成しているとき，まとまりをシステムと定義する。システムは自己完結性をもつ。しかし単独では存在しえない。システム間の関係や周囲との連続は，相互浸透あるいは構造的カップリングといった概念で定義され，システムの在り様を特徴づける。

　社会を成すシステムとして，コミュニケーション・システムにこそ着目すべきだ，というのが著者の主張である。コミュニケーションは，二つ以上の人格間での相互行為から成る。人格は他人格に情報を伝達し，また他人格から伝えられる情報を理解する。人格間で，言葉や身振りを媒介とした意味共有が可能でないと，コミュニケーションは成り立たない。ならばそこには「混沌」を回避しうる何かしらの限定があるとみなせる。そのため，コミュニケーションたる相互行為が成り立って継続している範囲にはシステムがあり，また，その継続がシステムを再生産している，と考えられる。

　このような世界認識にもとづき，物質文化と古代社会をとらえ直すのが二つ目の視点である。「相互交渉ないしコミュニケーションは，社会現象の最小基本単位であるとともに，その物的痕跡が考古学的分析の基本単位である」と筆者は述べる。考古学的に何らかパターンが確認されることは，コミュニケーションにおける選択や理解についての一定のパターンが反復されていなければ起こりえないからだ。筆者は伝達（Vermittelung/Absendung）に「表出」の邦訳をあて，物質にコミュニケーション概念を投影させている。遺構や遺物は情報の表出の痕跡であるという。たとえば，土器の文様や形態の類似は使用時の，製作技術の類似は製作時の，それぞれのコミュニケーション・システムの表出となる。そして，土器の形態的特徴が製作伝統の共有範囲を超える事例では，使用時コミュニケーション・システムが製作時における諸選択に影響を与えた，ととらえる。

　二つ目の視点ではさらに，一つ目の視点に沿って解体した社会や物質を，物質文化という具象の世界で再構築する。システムとして把握される社会では人間は不在であり，秩序や再生産の主体でもない。それが，たとえば甕棺墓や墳丘墓が対象となることで，有機体としての生死ある人間が像を結ぶ。そして生死を一部とする自然も立ち戻る。自然もまた上記世界認識では疎外されていた要素であった。けれども，人口，資源，生業，生産といった自然と不可分な諸側面の変動が，システムと構造的カップリング双方の変容に，多くの事例で結びつくさまは示唆的である。「死火山」たる古典理論の知見が，いわば逆説的に取り込まれることで，新たな意味が見いだされる。

　本書の三つ目の視点では，筆者が考古学をする自己を省みる。大学での講義の編纂という性格もあり，本書では，筆者の思索が一人称も交えて記述される。筆者は，コミュニケーション・システムは考古学的にも認識可能な実体的単位である，ととらえている。しかし，観察者を超えた，超越的存在ではない。考古学者自身が対象とする現象から無関係ではあり得ないからだ。だからこそ，筆者はたえず自問する。「社会とは」「考古学とは」を問い続け，システムとの対比において通念を見直すことで，「考古学をよりよくおこなう」ための思考的枠組みを構築する。

　本書は特徴的にこうした三つの視点が交錯することにより，社会システム理論を補完し発展に向かわせる批評性を内在しつつ，考古学の豊かな可能性を示す指南書となっている。　　　（有松　唯）

註
1)　ニクラス・ルーマン（佐藤　勉監訳）『社会システム理論』上巻，恒星社厚生閣，1993：p.17（原著1984）
2)　大庭　健「訳者解説Ⅰ」，ニクラス・ルーマン（大庭　健・正村俊之訳）『信頼　社会的な複雑性の縮減のメカニズム』勁草書房，1990，pp.201‑223：p.207（原著1973）

笹生　衛著

まつりと神々の古代

四六判　286頁
2,750円
2023年1月
吉川弘文館

日本列島人の精神世界をたどる　新たな視点で祭祀研究の地平を切り開いてきた著者が，考古学を基礎に据えながら文献史学・宗教学・民俗学・自然科学の研究を踏まえ，古代祭祀を中心に日本列島人の宗教と信仰について論じたのが本書である。神とは何かからはじまり，ホモ・サピエンスの成立や縄文時代まで遡って古代の神観念に至る諸段階を提唱するとともに，北海道・南島・東アジア世界まで視野に入れつつその後の変容を論じる本書は，神道考古学や祭祀研究の枠をはるかに超え，独自の自然に適応し，交流のなかで変容してきた人びとの精神世界を明らかにしようとする，「列島文化論」の試みでもある。

魅力的な論点　古代大嘗祭の復元による，真床襲衾を核とする古墳祭式論（首長権継承儀礼）の批判や，神酒や酒器からみた古墳祭儀の有機的復元など，本書は研究者にとって魅力的な創見に満ちている。しかし，かたくるしい専門書ではけっしてない。絵巻物や遺跡の調査成果といった具体的な資料から語られる神社や神輿の成立など，一般の読者にも物質文化研究の楽しさを伝えながら，生き生きとした古代世界へ導いてくれる本書は，専門の垣根を超えて広く読まれるべき書といえる。

縄文信仰から古墳祭祀へ　本書の注目すべき一点は，宗教や祭祀の通史を提示していることである。ホモ・サピエンスの認知機能の進化によって霊魂観が生み出され，その後の農耕開始や都市形成のなかで人格神が成立しながら，王権や帝国の統治によって宗教化するという認知宗教学の進化理論を紹介しつつ，縄文時代に遡って古代日本列島の神観念の成立と画期がのべられる。本書を祭祀考古学概論として手元に置くこともお勧めしたい。

首長権継承儀礼論への疑義　多くの頁を割いて著者がのべるのは，大嘗祭と古墳祭式の関係である。即位した天皇がおこなう最初の新嘗祭が大嘗祭であるが，古代には天皇霊継承の秘儀である真床襲衾（神との同衾）がその中核をなすと考えられてきた。考古学でもこの理解を敷衍し，古墳を首長権継承儀礼の場とする解釈が広くみられる。しか

し著者は，奈良時代に遡っても真床襲衾の存在は認められず，これを前提とする古墳論は成立しないと説く。大嘗祭の詳細な復元過程は実に興味深い。ぜひ本書で確認いただきたい。

物質文化にみる古墳祭儀の伝統　本書はまた，物質文化研究への新たな視点を数多く提示する。古墳祭儀と大嘗祭の関係については，5世紀に新たな酒の醸造法の導入と酒器である須恵器の本格生産が一体となり，大嘗祭の神酒の作法が成立したと説く。また，大嘗祭の神饌の供献に従事した高橋氏は，その祖が安房の海で弓の弭を疑似餌に釣ったカツオを景行天皇に奉ったとの伝承をもつが，実際，房総半島の古墳時代遺跡からはカツオの加工跡と疑似餌が出土する。そこで，神饌である海産物の供献も古墳時代後期からの伝統とするなど，物質文化をとおして大嘗祭の成り立ちが具体的に論証される。ほかにも，伊勢湾岸ほか各地の遺跡からみた古墳祭儀とヤマト王権との関係など，数々の指摘に目を見開かされるであろう。

頻発する災害とまつり　本書のもうひとつの特徴は，10世紀以降の気候変動や氾濫・疫病などの災害が，古代祭祀をどのように変えていったのかについて，「移動する神々」の「ポータブルな社」としての神輿の成立や，流通拠点である滋賀県塩津港遺跡の変遷過程などから論証する点である。変化し，ときに暴力化する自然にたいして，人びとがまつりに何を求め，まつりをどう変えていったのか，災害列島における宗教や信仰の意味が語られる。生態学的な知見と歴史事象を融合する優れた研究としても，本書の意義は大きい。

新たな「新しい歴史学」　アナール学派は，従来の歴史学の枠を超えて気候や病気，祭りなどさまざまな視点から民族のマンタリテ（精神構造）の研究を進めた。その衝撃はいまなお記憶に新しい。そして，本書の目的と手法はそこに重なる。感染症や戦争，貧困がもたらす日々の社会不安のなかで，生き抜くための精神世界のありようとゆくえを問う本書は，まさに現代が求める「新しい歴史学」なのだといえよう。

（瀬川拓郎）

論文展望

國木田大
縄文時代後半期の
トチノキ利用の変遷
北海道大学考古学研究室研究紀要　第2号
p.81〜p.93

　本論文では，縄文時代後半期におけるトチノキ利用の変遷過程について考察を行った。とくに，東北地方北部（青森県，秋田県，岩手県北部）におけるトチノキ利用の変遷過程とその年代を，放射性炭素年代測定を用いて明らかにし，仮説モデルとして提示した。縄文時代中期から後期にかけては，寒冷化に伴い自然環境が激変したことが知られている。青森県三内丸山遺跡では，人為干渉の高いクリ林から，低地部でのトチノキ拡大という植生変遷が解明され，生業の変化や人為生態系の成立が議論されている。

　本研究では，東北地方北部におけるトチノキ利用の変遷を，遺跡出土事例の状況や¹⁴C年代値，土器型式などとの関係から考察し，①NT-1期：円筒上層d・e式段階［約4,400BP（約5,000calBP）］の利用開始期，②NT-2期：大木9・10式段階［約4,100BP（約4,600calBP）］における住居内での備蓄および精神世界への導入期，③NT-3期：十腰内I式段階［約3,700BP（約4,000calBP）］の集約的な利用開始期の3段階の画期を経て変遷していくことを示した。

　この変遷の背景には，気候の寒冷化に伴う海退や河川の侵食作用に起因した低地部での新たな環境区の成立とその開発，大木9・10式段階にピークをむかえる活動の広域拡散化があると考えられる。また，この仮説モデルを念頭に，東北地方南部，関東地方，周辺地域（北海道と北陸地方北部）のトチノキ利用の状況も概観した。

　なお，本研究に関連して，『季刊考古学・別冊40』「気候変動と縄文晩期―いわゆる2.8ka問題を論じる―」では，ボンドイベント2.8ka問題の本質は，その前段階

の4.3kaの寒冷化から継続する地形・植生的変化と，それに適応した低地部などでの土地利用戦略が重要な視点になることを指摘した。縄文時代後半期の社会を読み解くには，2つの大きな寒冷化現象に起因した具体的な生態系史をどこまで復元できるかが鍵となるのではないだろうか。

　本論文とあわせてご参照頂ければ幸いである。
　　　　　　　　　　（國木田大）

原　雅信・桜岡正信
「甲を着た古墳人」と「金井型居館」
公益財団法人群馬県埋蔵文化財調査事業団
研究紀要　第41号
p.45〜p.60

　6世紀初頭に発生した榛名山の噴火は，古墳時代の地域社会に甚大な被害を及ぼした。金井東裏遺跡では「甲を着た古墳人」が噴火に被災した状態で発見され，金井下新田遺跡では「金井型居館」が解体状態を保持したまま確認されている。

　「甲を着た古墳人」の評価についてはいくつかの説があるが，筆者らは所持する小札甲や衝角付冑等により「地域首長」として理解できるものと考えている。すなわち，隣接する金井下新田遺跡の居館は，「甲を着た古墳人」と強い関連がある施設とみることが必要であり，一連の時間的経過のなかで理解することが求められるといえる。火山噴火の被災遺跡というと，当時の社会がストップモーションのように火山灰に覆われていると思われがちであるが，そうではない。噴火の時間的経過の中に人や社会の動向が残存していることが重要である。いわば，火山噴出層の中に「時間」が埋まっているということを前提に調査成果を理解することを忘れてはならない。

　さて，本稿では5世紀中葉から榛名山噴火に至る金井遺跡群の集落の変遷，居館造営に伴う集落改変，そして居館解体，被災した6人の古墳人の動向，古墳築造等の

調査成果を時間的に整理することで，火山噴火に至る地域社会の実像について考察を加えた。これらの継起的に確認される事象を「金井遺跡群年表」として総合し，今後の地域研究の基礎データとして提示した。

　また，居館の解体状況の分析から全面撤去が目的ではなく，建物の上屋は撤去するものの主柱は残した状態が解体完了という理解に至った。このことは「解体された居館」を可視化することが目的であったと考えることが可能である。すなわち，解体居館の存在が新設居館の造営，政祭権移行という重要なイベント遂行の正統性を保証する社会装置として機能したことを結論づけた。　（原　雅信）

宮元香織
古墳から出土した
食物形土製品について
古代文化　第74巻第3号
p.362〜p.373

　古墳から出土した食物形土製品には，餅や団子のような形状をしたものが含まれており，これを初めて取り上げた清野謙次氏の論文，「古墳から発掘せられた土製の索餅類似品（模造の餅と菓子）」（『人類学雑誌』60―3，1948）に描かれた図を，菓子の起源が古墳時代にさかのぼる例として菓子研究者らがしばしば紹介してきた。

　清野氏の「土製の菓子模造品」図は，現在は失われた萩原巌雄著『観古図録』を書き写したものという。

　これらの菓子図は，18世紀末に描かれた藤貞幹著『集古図』糕餅類の絵と非常に類似しており，19世紀初頭に描かれた本多忠憲著『搏桑果』とも共通している。いずれも宮内庁や公家，各地の神社などで作られていた神饌や菓子を描いているとされるが，現代の神社で使われている神饌との共通点も多い点が注目される。

　次に土製の菓子模造品とともに清野氏が書き写した須恵器高坏の

116

年代についても検討し，食物形土製品が古墳で出土するのと同時期，おおよそ5世紀後半に作られたものであると考えた。

次節では古墳出土の食物形土製品を集成し，饌（そなえもの）という観点から調理前の未加工食品を模した土製品と，調理後の加工食品を模したものとに分けて検討した。

調理前の未加工食品については先行研究の指摘どおり，果物や根菜類，魚介類などをかたどったものが含まれており，神饌でいう「生饌」に当たるとみる。

いっぽう加工食品と思われる土製品のなかには，『集古図』や『搏桑果』に描かれた菓子，餢飳や餲餅などによく似た形状のものがいくつか含まれていることがわかった。

一般に穀物の粉をこねて作ったとされる菓子の起源は唐菓子にあるとされ，それは平安時代に唐から伝わったというが，その形状は古墳時代にまでさかのぼりうる可能性があると考えた。

今後は神饌や共伴遺物との関係についても検討し，さらに食物形土製品の研究を進めたい。

（宮元香織）

田代　孝
山梨の古代経塚の諸相
モノ・構造・社会の考古学
今福利恵博士追悼論文集
p.445〜p.451

経塚は，書写した経典を土中に埋納した所である。わが国の経塚造営が始まったのは10世紀後半頃であり，古代・中世・近世と一千年におよぶ。この経塚は，経典を書写し供養することでは連続性が認められるが，その遺構や遺物，埋納方法，造営の主体者など時代によって異なる。この経塚を古代は「埋経の経塚」，中世を「納経の経塚」，近世を「一石経の経塚」と分類する。山梨の古代の経塚は，柏尾山経塚・篠井山経塚・秋山経塚などの8例がある。

昭和37年（1962）柏尾山経塚

の2号経塚出土の「康和5年（1103）在銘経筒」には，蓋と身に783文字が刻まれている。内容は，勧進僧の寂円による3年4ヶ月の経塚造営の詳細な経過が和漢混交文で記される。末尾には，惣行事としての三枝守定・守継の名がある。三枝氏は，山梨郡の有力豪族で大善寺の大檀那で国庁の官人であった。応保2年（1162）「八代荘停廃事件」では，在庁官人の三枝守政は当事者の一人となっている。

篠井山経塚の「藤原顕長」在銘の短頸壺は，渥美窯の「大アラコ古窯」の製品である。経塚用の容器（三島市三ッ谷新田経塚・綾瀬市宮久遺跡）として複数生産された中の一点である。銘文の「正五位下行兵部大輔　兼三河守藤原朝臣顕長」は，顕長が遠江守から三河守に再任された久安5年（1149）である。この年は，院政期の鳥羽法皇が17度目の熊野参詣を実施する。勧修寺流藤原氏にとって顕長の父顕隆や兄顕頼らの熊野行幸供奉は，政治的立場を強化発展する機会であった。法皇は富士上人末代による埋経にも結縁しており，末代の富士山頂への埋経は4月である。

秋山経塚は，建久8年（1197）甲斐源氏の秋山光朝の13回忌の追善供養として，その居館跡に弟の光経（加賀美・於曽氏ら祖）らによって営まれた。平安末期の貴族層中心の経塚造営は，台頭著しい武士層が担い手として登場する。そして，古代の埋経方式にもとづく経塚造営はその数を減じていく。

（田代　孝）

禰冝田佳男
これからの文化財行政を考える
—SDGsという視点に照らしてみて—
遺跡学研究　第19号
p.64〜p.72

本論は，これからの文化財行政に対して問題提起をおこなうことを目的に執筆したものである。まず，必要な視点として①地方分

権，②人口減少社会，③SDGsを挙げた。とくに急速な人口減少社会に入ったことで，それまで実施できたことができなくなる事態を想定する必要があることを指摘した。続いて，文化財保護の歴史を振り返るなか，文化財保護法制定後は予算と文化財専門職員数など体制が整備され，文化財の保護対象も拡大していったことを確認した。

以上を踏まえ，世界的視野で文化遺産とSDGsに関する星野有希枝の研究を参考にして，日本における持続可能な文化財行政に求められる取り組みとして3つを挙げた。すなわち，（1）記録保存調査への選択制の導入，（2）他部局との協同，（3）文化財保護への市民参画である。（1）については，埋蔵文化財行政の根幹に関わることであり，選択に至らぬよう運用で対応することは可能だが，文化財行政のバランスを考え，敢えて指摘した。（2）に関してはすでに多くのところで他部局との連携が図られ，（3）についても市民参加で様々な取り組みがおこなわれている。しかし，コロナ禍で「不要不急」の扱いを受けた文化財保護は，人口減少がさらに進行すると再び同じ扱いを受けることが予想される。それを見越して，これまでよりも一歩踏み込んで，他部局や市民が主体となって文化財を保護する状態を作り出す必要があると考え指摘した。文化財専門職員には否定的な意見が多い観光部局とも，連携できるところは連携すべきだと考えている。

筆者は，右肩上がりの社会で達成された20世紀型ともいえる文化財保護の取り組みを21世紀の人口減少社会において続けていったとしても，いずれ立ち行かなくなることを危惧している。最後に，これからの文化財保護には意識改革が必要で，試行錯誤しながら新たな理念作りを進めていく必要があることを確認した。（禰冝田佳男）

報告書・会誌新刊一覧●編集協力

◎時枝　務・福井淳一（北海道）◎利部　修・大竹憲治（東北）◎関口慶久・村山　卓・阿部昭典・山口正紀（関東）◎河西克造（中部）◎水澤幸一・藤田富士夫・伊藤雅文（北陸）◎勝又直人（東海）◎江谷　寛（近畿）◎白石祐司（中国）◎岡本桂典（四国）◎小林昭彦（九州）

考古学界ニュース

九州地方・・・・・・・・・・・・・・・・・

中世の防御施設を確認，新城跡（公財）鹿児島県文化振興財団埋蔵文化財調査センターは，調査を進めている新城跡（阿久根市山下）から，15世紀～16世紀頃（室町時代～安土桃山時代）の大型土坑や通路跡などを備えた防御施設とみられる遺構を発見した。同遺跡は，標高36mのシラス台地上に位置する山城跡。阿久根を治めていた阿久根播磨守良正が16世紀に築城したとされるが，具体的な位置は不明であった。大型土坑は一辺約12m，深さ約3m。通路跡はシラスを2.5m程掘削して作られており，底は約35cmと狭い。通路の角度を変えている箇所もあり，多くの人数が往来することができないようになっていた。周辺からは同時期の掘立柱建物跡や炉跡も確認されている。山城の虎口（出入口）に類似していることから，防御施設と推測される。また，標高の低い台地上に大型土坑を構築して防御施設を形成する事例は九州地方では珍しい。

新たに江戸時代の道路跡を発見，八幡遺跡　宮崎県都城市教育委員会の調査により，八幡遺跡（同市八幡町）から江戸時代の道路遺構が確認された。幅約4m。江戸時代に都城島津家が編纂した地誌『庄内地理志』の絵図と位置が合致する。調査区周辺は当時の都城の統治機関であった領主館に隣接する地点で，都城島津家の家臣たちが暮らしていた武家屋敷群が広がっていたとされている。今回の調査では道路遺構のほかに，武家屋敷に付随するとみられる大型土坑や溝状遺構なども確認され，江戸時代の薩摩焼や肥前（現在の佐賀県）系陶磁器も大量に出土した。また，近現代に造られたとみられるレンガ造りの構造物も2ヶ所，検出された。そのうち北西端に位置する構造物は，クランク状の通路奥に地下室が設けられていた。

中国地方・・・・・・・・・・・・・・・・・

中世の集落跡が発見される，小森遺跡　山口市教育委員会が行った鋳銭司地域（同市）の市道整備に伴う発掘調査において，鎌倉～室町時代の集落跡が発見された。西側の調査区（面積約320㎡）からは井戸跡と被熱遺構（炉跡か？）などが発見された。井戸跡は石積みで直径約1.1m，深さ1.5m以上。井戸跡を囲むように柱穴が複数確認された。その配置から，上屋が設置されていた可能性も考えられる。被熱遺構は，熱を受けて固く焼き締まった硬化面をもち，その上には焼土や炭の広がりが確認された。東側の調査区（面積約400㎡）の地点からは，掘立柱建物跡が2棟，性格不明遺構（木の根の痕跡か？）が3ヶ所発見された。今回の調査では，鎌倉～室町時代の土師器皿や備前焼の甕の破片などが出土した。出土遺物から，集落は鎌倉時代に成立して室町時代には廃絶したことが明らかになった。

近畿地方・・・・・・・・・・・・・・・・・

平安～鎌倉時代の銅印が出土，中遺跡　奈良県五條市教育委員会の発掘調査により，中遺跡（同市中町）から平安時代末～鎌倉時代初め（12世紀頃）に製作・所持されたとみられる銅印が1点発見された。印面の縦横約2.5cm，高さ約3cm，重さ約28gの青銅製。印面には「市」とも読める陽文の漢字一字が鋳出されている。不整形な土坑から土器片や石に混じって出土し，おもに瓦器の年代から鎌倉時代前期（13世紀前半）に投棄されたとみられる。印面から赤色顔料は検出されず，印として使用されていたかは不明。県内では銅印も含めた古印（奈良・平安時代の印）は

平城宮跡（8世紀末，奈良市）や箸尾遺跡（11世紀末～12世紀初め，広陵町）などでこれまでに6点出土している。遺跡の銅印はそれらと比べても小さいことから，公的機関ではなく有力な家や個人が所有した私印とみられ，「市」の字は所有者名の一部と推測される。

縄文時代後期の竪穴住居跡が出土，沖代遺跡　兵庫県教育委員会が調査を進めている沖代遺跡（同県太子町）から，縄文時代の竪穴住居跡が5棟発見された。それぞれの住居内からは，炉跡とそれを囲むように配置された柱穴跡が検出された。調査区からは石器や土器も大量に出土した。土器は大半が元住吉山式Ⅰ式だったことから縄文時代後期中頃の集落跡と考えられる。ほかに，同時期に中九州の地域にみられる西平式の土器が1点確認された。また，尻部分とみられる土偶片が1点みつかった。赤色顔料が付着しており，東海地方を中心とする今朝平タイプと分類される。兵庫県内では佃遺跡（淡路市），生田遺跡（神戸市中央区）に続いて3例目の出土となる。徳島県で産出される結晶片岩を素材とする石棒も2点出土した。これまでの調査で，県内からは縄文時代後期の竪穴建物は18遺跡から38棟が発見されている。住居内の構造がわかる竪穴建物が3棟以上まとまって確認できる例は県内では初めて。

由義寺の前身，弓削寺とみられる塔基壇の規模を確認　八尾市魅力創造部観光・文化財課の調査により，奈良時代に称徳天皇と道鏡が建立した由義寺（大阪府八尾市）の前身である弓削寺の基壇の規模が約17m四方だったことが明らかになった。調査は由義寺の七重塔とみられる塔基壇（一辺約21.6m四方）の下層部分で行なわれ，基壇の南端から約3.2m内側の地点で版築土と掘込地業が確認

された。掘込地業は古代の土木工法で，軟らかい土地に建物を建設する際に地盤をつき固める地盤改良。昨年秋には東西約17.1mの基壇の一部が見つかっており，今回の調査で南北約16.8mと確認された。合わせて約17m四方の塔基壇であることが分かった。これは全国各地に建築された国分寺と同等の規模とされる。この基壇からは8世紀中ごろの瓦片も出土しており，称徳天皇が行幸した際に訪れた由義寺の前身である弓削寺の可能性が高まった。

豊臣秀吉の「京都新城」の石垣一部を発見　京都府京都市文化財保護課の発掘調査により，京都仙洞御所（同市上京区）から，豊臣秀吉が最晩年の16世紀末に築いたとされる城郭「京都新城」の堀にあたる石垣の一部が新たに出土した。本丸の南北堀の想定地から新たに2つの巨大な石垣が確認された。石垣は上下2段に積まれ，上段はほぼ完全な形で残存している。長辺は約1.3m，「間詰め石」と呼ばれるこぶし大の石が石の間に詰められている状態だった。また，石垣の裏側には巨石の間に小石を詰める「裏込め石」がみられた。裏込め石を含めた石垣全体の奥行きは2m以上にもなり，一般的な城の石垣の倍の規模を有すると推測される。今回確認された石垣は3年前の調査で確認された石垣の対面に位置しており，堀東側の側壁の石垣である可能性が指摘されている。また，2年前の調査時に堀の幅は約20mと推計されていたが，今回出土した石垣の出っ張りによって，この部分の幅が約10.8mと確認され，本丸につながる橋などを設けるための張り出し部として設置された可能性が指摘される。この特徴は，徳川幕府が築いた二条城の石垣と類似している。

稲部遺跡の靫の繊維片が3世紀と判明，国内最古級　滋賀県彦根市の調査により，稲部遺跡（同市稲部町）から出土した「靫」の繊維片を科学的に分析したところ，3世紀中ごろのものであったことが明らかとなった。同遺跡は弥生時代末期から古墳時代初めの集落跡。2019年度の発掘調査で川から水を引くための溝跡から，木の板・ガラス玉・モモの種などの祭祀具とともに12枚の靫の繊維片が出土していた。それぞれ矢筒部に巻かれた横帯2本（各6点）とみられ，1本は箱形の矢入れである靫の矢筒部に巻かれた横帯の一部で，最大で長さ約18.7cm，幅約4.5cm。もう1本を構成するとみられる繊維片には，背負うための紐通しとみられる穴があった。いずれも表面には黒い漆が塗られていたため，すべてが腐らずに一部が残存したとみられる。弥生時代には見られない「あや織り」と呼ばれる高度な技法で織られ，よりをかけた絹糸が縦糸に，植物繊維が横糸に使用されている。靫は古墳時代前期（3世紀後半〜4世紀）の古墳の副葬品として，首長の権威の象徴とされていた。これまでに約30の出土例が確認されている。稲部遺跡の繊維片は，V字形のような綾杉文が残っており，鼓山古墳（4世紀頃，福井市）で出土した靫と類似していた。今回の分析で，3世紀のものと判明し，国内最古級となる。

つば付きの陶質土器が出土，朝鮮半島からの影響か　三重県鈴鹿市文化財課の調査により，富士山1号墳（同市国分町）から，つば付きの陶質土器が1点出土した。同古墳は5世紀後半頃に築造された帆立貝式古墳で，全長約54m。周囲には数十基からなる富士山古墳群が分布していたが，のちの開墾などにより墳丘が失われ，1号墳が唯一現存している。今回の調査で，造出の中心部分から陶質土器が出土した。高さ約50cm。とても珍しいつばの付いた口縁が特

徴的で，全国的に類例がなく，朝鮮半島の百済や馬韓の影響を受けた可能性が指摘されている。造出では墳丘を覆っていたとみられる葺石の一部や，埴輪列なども確認されている。

飛鳥・奈良時代の庭園遺構か，穴太遺跡　滋賀県大津市文化財保護課の調査により，穴太あのう遺跡（大津市穴太）から，飛鳥〜奈良時代の池の護岸とみられる石積みの基壇状遺構が出土した。石積みは花こう岩をおもな素材としており，東面と北面のL字型で，東面は長さ約5m，高さ約0.7m，北面は長さ約3.7m，高さ約0.6m。全長約13m以上に及ぶと推定され，方形基壇の一角とみられる。また，石積みに沿って池状遺構が2ヶ所発見されており，規模は直径約2.5mと長軸約4m×短軸約1m。どちらも深さ約30cmで，底部に粘土がつき固められていたことから，水をためるために使用されていたと考えられる。池状遺構を埋めていた土中から飛鳥時代の須恵器の破片が出土したことや，石積みの基壇状遺構と近江大津宮遷都前から存在したとされる穴太廃寺（創建時）の伽藍の方位が一致したことから，遷都よりも前の時期に穴太廃寺と同時期に存在したと推測される。しかし，基壇状遺構は平安前期に壊されており，その時までに機能を停止していた可能性が高い。今回出土した遺構から，西方の山々の谷筋からの水を利用した庭園の一部ではないかと推測され，庭園であるとすれば，国内において最も古い例の一つとなる可能性が指摘されている。またそのほかに，長さ約40cmの縄文土器片や，飛鳥時代後半とみられる瓦片も出土した。

中部地方・・・・・・・・・・・・・・・・・・・

松倉城跡から巨石で作られた門を発見，埋門とみられる　岐阜県

高山市教育委員会の調査により，県指定史跡・松倉城跡（同市松倉町）から巨石を天井や柱に使った城門「埋門」が発見された。埋門は，石垣などの間に作られた小さな門。防御性が非常に高く，裏口や非常口として用いられていたとされる。今回の調査で，城の裏口にあたる三ノ丸の搦手門が埋門形式の門であることが分かった。門の通路の高さは約1.5m。屋根材には巨大な石板を用いており，地面には敷石を配置している。小丸城跡（福井県越前市）などにも類似する構造が見られる。ほかに，二ノ丸に建物の柱をすえるための礎石と三ノ丸櫓台の石垣や石段が発見された。松倉城は松倉山（856m）の山頂に位置する山城。戦国時代（16世紀）の飛騨の国人領主である三木自綱が築き，羽柴（豊臣）秀吉の命で飛騨に侵攻した戦国武将・金森長近が1585（天正13）年に攻め落とした後，廃城になったとされる。これまでの調査では，山頂にある本丸曲輪や城の出入り口にあたる出桝形虎口が確認されている。

百済土器が出土，朝鮮半島との交流を示唆するか　長野県埋蔵文化財センターの調査により，川原遺跡（飯田市下久堅）から百済土器が1点出土した。口径約11.8cmで，高さ約4.5cmの坏形。古墳時代中期（約1500年前）の竪穴建物跡のかまど跡近くから完全な形で出土した。底部が平らで，回転台から外す際に下部を削った痕跡などがあり，これらの特徴が百済土器と一致している。百済土器は関西を中心とした西日本でよくみられるが，飯田市内での発見はこれまでに柳添遺跡（同市鼎）と恒川遺跡群新屋敷地点（同市座光寺）に続いて3例目。これまで「百済系土器」と呼ばれていた柳添遺跡と新屋敷地点の土器も，今回の調査成果から百済土器と認めら

れた。ほかに，縄文時代の配石遺構も複数検出された。そのうちの1ヶ所からは，拳大から人頭大の川原石とともに，縄文土器や石器が複数点，石棒も2点出土した。石囲炉があることから，敷石住居の可能性も指摘されている。同遺跡はこれまでの調査で，縄文中期から古墳時代の集落跡や墓の痕跡などが見つかっている。

東北地方・・・・・・・・・・・・・・・・・・

13世紀の「灯明皿」が出土，骨寺村荘園遺跡　岩手県一関市教育委員会の調査により，骨寺村荘園遺跡（同市厳美町）から13世紀後半から14世紀のものとみられる灯明皿が1点発見された。約10cmの素焼きの小皿片で，遺構外の場所から出土した。皿中央部に熱による赤色の変色，皿の縁に煤の付着があることから，明かり取りに用いられた「灯明皿」とされる。ロクロ成形で，内面全体をナデで調整していること，底面にある回転糸切り痕は非常に細かいことなどの特徴がみられる。鎌倉時代に描かれた「陸奥国骨寺村絵図」と時期が一致しており，文献研究を裏付ける重要な手掛かりとなることが期待される。骨寺村荘園遺跡における同時代の遺物の出土は，平成25年の発掘調査以来となる。

学会・その他・・・・・・・・・・・・・

「古墳クエストin徳島市」　7月22日から徳島市立考古資料館（徳島県徳島市国府町西矢野字奥谷10-1，Tel：088-637-2526）にて夏季企画展が開催されている（9月3日まで）。古墳についての基本的な知識について解説し，徳島市内に造られた古墳について紹介する。展示室に用意されたパンフレットを見ながら，自分でパンフレットを完成させていく楽しみも。

「古代の秘宝を探せ！！～ウシナワレタドウグ～」　7月8日か

ら，島根県立八雲立つ風土記の丘（島根県松江市大庭町456，Tel：0852-23-2485）にて夏季企画展が開催されている（8月28日まで）。飛び出す絵本で大人気のよしとさんとのコラボ企画。子持壺（向山1号墳）や鬼瓦（山代郷北新造院跡）などを始めとした一見使い方がわからないものや，古代人のさまざまな道具を展示する。「謎解きウォークラリー」など大人と子供が一緒に楽しめる企画も同時開催。

特別展「星降る中部高地の縄文世界─黒曜石ネットワークによる物流と人流─」　7月8日から，山梨県立考古博物館（山梨県甲府市下曽根町923，Tel：055-266-3881）にて開館40周年記念特別展が開催されている（9月3日まで）。山梨と長野県各地の日本遺産の構成文化財を比較しながら，「中部高地の縄文世界」の原像を探るとともに，物流による交流の歴史的背景について考える。

「どんなもんだい？ 縄文時代」　7月15日から府中市郷土の森博物館（東京都府中市南町6-32，Tel：042-368-7921）にて特別展が開催されている（8月27日まで）。府中を中心とした地域での，縄文時代の人びとのくらしはいったいどんなものだったのか？ 縄文時代とはどのような時代だったのか？子供と一緒に楽しみながら「縄文時代」について自由に考える展示となっている。

「北方民族の編むと織る」　7月15日から北方民族博物館（北海道網走市字潮見309-1，Tel：0152-45-3888）にて特別展が開催されている（10月22日まで）。北方諸民族の技術のなかから編む技術と織る技術に注目し，生業に役立ち，暮らしを彩ってきた編み物と織物，関連する道具類を紹介する。小中学生を対象とした体験会「はくぶつかんクラブ」の開催も予定されている（公式HP参照）。

••••• 編集室より

✎ 本特集号では，近年考古学的な調査について大きな成果が積み上がってきたキリシタン墓研究をまとめていただいた。総合的な考察が進んでおり，その研究の歩みと現在地を教えてくれる。
✎ 千々石ミゲル墓や宣教師シドティ（シドッチ）をはじめとした，各地のキリシタン墓の主要な調査が一望できる。大分県の下藤キリシタン墓地など変遷が追える調査は，時代背景や各地の状況に影響されながら続いたキリシタン墓の様相を復元しつつある。
✎ 潜伏キリシタンの研究や近世墓との比較研究も進展してきた。歴史研究にキリシタン墓研究が果たす役割は大きく，今後の研究動向に注目したい。
✎ 連載「考古学の旬」では，ジェンダーと考古学について，最新の知見を紹介し，様々な視点から検討する。連載「私の考古学史」では，坂詰秀一氏に濃密な研究人生を振り返っていただいた。
✎ 次号は，古墳時代の甲冑について，現在の最新動向をまとめる。　（桑門）

訂正とお詫び

『別冊季刊考古学』41号「四国考古学の最前線」に誤りがありました。
下記のとおり訂正してお詫び申し上げます。
口絵6頁目下
　誤：香川県観音寺市丸山古墳
　正：香川県三木町丸山古墳
116頁
　誤：図7　集落出土の製塩土器
　正：図7　関連遺跡

••• 本号の編集協力者

小林義孝（NPO法人地域文化調査研究センター・摂河泉地域文化研究所研究総括）
1954年，愛知県名古屋市生まれ。立命館大学文学部日本史学専攻卒業。主な共編著に『西国巡礼三十三度行者の研究』岩田書院，『六道銭の考古学』高志書院，『戦国河内キリシタンの世界』批評社，などがある。

大石一久（元・長崎歴史文化博物館）
1952年長崎県平戸市生まれ。山口大学文理学部卒。『日本キリシタン墓碑総覧』南島原市教育委員会企画，長崎文献社，など多数。

田中裕介（別府大学教授）
1959年大分県生まれ。岡山大学大学院文学研究科修士課程中退。主な共著に『日本キリシタン墓碑総覧』長崎文献社，『大分県の中世石造遺物』5　総括編，『机張原遺跡　女狐近世墓地　庄の原遺跡群』大分県教育委員会，などがある。

••••• 本号の表紙

下藤キリシタン墓地全景
下藤キリシタン墓地（大分県臼杵市）は，墓地造営当時の景観を彷彿とさせる遺跡である。キリシタンの墓は，長方形の石組遺構の下部を埋葬施設として，上部に石蓋が置かれる。66基の墓が400㎡ほどの空間に並列して配置されている。礎石建物や円形石敷広場が墓地の中央にあり，北側から円形石敷広場に至る道路状の遺構も存在した。石敷広場には石造十字架がたてられていた可能性も指摘されている。周囲には近世の墓地が設けられるが，キリシタン墓地は往時の姿のままに現代に伝えられていた。
　　　　　　　　　（小林義孝）（臼杵市教育委員会提供）

季刊 考古学　第164号　　　2023年8月1日発行
ARCHAEOLOGY QUARTERLY　　定価（本体2,400円＋税）

編集人　　桑門智亜紀
発行人　　宮田哲男
印刷所　　株式会社ティーケー出版印刷
発行所　　㈱雄山閣　http://yuzankaku.co.jp
〒102-0071 東京都千代田区富士見2-6-9
電話 03-3262-3231　Fax. 03-3262-6938　振替 00130-5-1685

ISBN 978-4-639-02918-2　printed in Japan

Archaeology Quarterly No. 164
Research on Christian Graves and Archaeology
CONTENTS

Published by **YUZANKAKU, Inc.**

2-6-9, Fujimi-cho, Chiyoda-ku, Tokyo 102-0071
URL http://yuzankaku.co.jp E-mail info@yuzankaku.co.jp
TEL +81-3-3262-3231 FAX +81-3-3262-6938

ISBN 978-4-639-02918-2

printed in Japan

季刊 考古学

（年4回発行）　本体2,400円

第163号（4月刊行）　　　　　　　　　　　　　　　　　　本体2,400円

特集 埴輪からみた王権と社会

廣瀬　覚 編